学ぶ人は、
変えて
ゆく人だ。

目《め》の前《まえ》にある問題《もんだい》はもちろん、

人生《じんせい》の問《と》いや、社会《しゃかい》の課題《かだい》を自《みずか》ら見《み》つけ、

挑《いど》み続《つづ》けるために、人《ひと》は学《まな》ぶ。

「学《まな》び」で、少《すこ》しずつ世界《せかい》は変《か》えてゆける。

いつでも、どこでも、誰《だれ》でも、

学《まな》ぶことができる世《よ》の中《なか》へ。

旺文社《おうぶんしゃ》

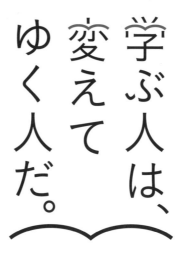

5級

分野別 漢検

でる順 問題集

五訂版

旺文社

目次

予想問題

別冊付録

編集協力 株式会社友人社
校正 加藤陽子
本文デザイン 伊藤幸恵・佐藤誠
本文イラスト 三木謙次

漢字検定(漢検)とは

本書が目指す「漢字検定（漢検）」とは、公益財団法人日本漢字能力検定協会が主催《しゅさい》する「日本漢字能力検定」のことです。漢字検定は1級から、準1級・準2級を含《ふく》む10級までの12段階に分かれています。

●受検資格

年齢《ねんれい》・学歴などにかかわらず、だれが何級を受検してもかまいません。検定時間が異なれば4つの級まで受検できます。受検には個人受検と漢検CBTと団体受検があります（詳《くわ》しくは10ページ）。

●出題対象となる漢字

漢字検定では、それぞれの級に定められた出題範囲《はんい》があります。それぞれの級で新たに出題対象となる漢字を配当漢字といい、当該《とうがい》級はそれ以下の級の配当漢字も出題範囲に含まれることが原則です。

5級では、小学校で習う教育漢字1026字すべてが出題の対象となります。

●問い合わせ先

公益財団法人　日本漢字能力検定協会

本　部　〒605－0074
京都府京都市東山区祇園町南側551番地
TEL. 075－757－8600
FAX. 075－532－1110

URL　https://www.kanken.or.jp/

●漢字検定５級の審査《しんさ》基準

程度	小学校第6学年までの学習漢字を理解し、文章の中で漢字が果たしている役割に対する知識を身に付け、漢字を文章の中で適切に使える。
領域・内容	**《読むことと書くこと》** 小学校学年別漢字配当表の第6学年までの学習漢字を読み、書くことができる。 ・音読みと訓読みとを正しく理解していること ・送り仮名《がな》や仮名遣《づか》いに注意して正しく書けること ・熟語の構成を知っていること ・対義語、類義語を正しく理解していること ・同音・同訓異字を正しく理解していること **《四字熟語》** 四字熟語を正しく理解している(有名無実、郷土芸能　など)。 **《筆順》**　筆順、総画数を正しく理解している。 **《部首》**　部首を理解し、識別できる。

●漢字検定５級の採点基準

字の書き方	正しい筆画で明確に書きましょう。くずした字や乱雑な書き方は採点の対象外です。
字種・字体・読み	2～10級の解答は、内閣告示「常用漢字表」(平成22年)によります。旧字体での解答は不正解となります。
仮名遣い	内閣告示「現代仮名遣い」によります。
送り仮名	内閣告示「送り仮名の付け方」によります。
部首	『漢検要覧2～10級対応』(公益財団法人日本漢字能力検定協会)収録の「部首一覧表と部首別の常用漢字」によります。
筆順	原則は、文部省(現文部科学省)編『筆順指導の手びき』(昭和33年)によります。常用漢字ごとの筆順については、『漢検要覧2～10級対応』収録の「常用漢字の筆順一覧」によります。
合格基準	合格のめやすは、正答率70%程度です。200点満点ですから、140点以上とれれば合格の可能性大です。

●おもな対象学年と出題内容　※2022年9月現在

内容／級	レベル	漢字の書取	誤字訂正《ていせい》	同音・同訓異字	四字熟語	対義語・類義語	送り仮名《がな》	熟語の構成	部首・部首名	筆順・画数	漢字の読み	検定時間	検定料
2	高校卒業・大学・一般《いっぱん》程度	○	○	○	○	○	○	○	○		○	60分	4500円
		《対象漢字数》 2136字（準2級までの対象漢字1951字＋2級配当漢字185字） ※高等学校で習う読みを含《ふく》む											
準2	高校在学程度	○	○	○	○	○	○	○	○		○	60分	3500円
		《対象漢字数》 1951字（3級までの対象漢字1623字＋準2級配当漢字328字） ※高等学校で習う読みを含む											
3	中学校卒業程度	○	○	○	○	○	○	○	○		○	60分	3500円
		《対象漢字数》 1623字（4級までの対象漢字1339字＋3級配当漢字284字） ※中学校で習う読みを含む ※高等学校で習う読みは含まない											
4	中学校在学程度	○	○	○	○	○	○	○	○		○	60分	3500円
		《対象漢字数》 1339字（5級までの対象漢字1026字＋4級配当漢字313字） ※中学校で習う読みを含む ※高等学校で習う読みは含まない											
5	小学校6年生修了《しゅうりょう》程度	○	○	○	○	○	○	○	○	○	○	60分	3000円
		《対象漢字数》 1026字（6級までの対象漢字835字＋5級配当漢字191字） ※中学校で習う読みは含まない											

※5級で「誤字訂正」も出題内容と発表されていますが、過去に出題された実績はありません。そのため、旺文社漢検書シリーズでは5級で「誤字訂正」を掲載しておりません。
※内容は変更されることがありますので、日本漢字能力検定協会のホームページをご確認ください。

本書の特長

特長① でる順が最短ルートでの合格を実現する

合格に必要な実力養成のために、過去の検定試験で実際に出題された漢字を約10年分、独自にコンピュータで分析《ぶんせき》し、よくでる順に編集・構成しました。同じ配当漢字でも、出題用例ごとに頻度《ひんど》を分析しましたので、効果的な学習が可能です。

特長② 本番形式の予想問題付き

検定試験の対策として、本番形式の予想問題を3回分収録しています。この予想問題は、過去に実際に出題された問題を徹底《てってい》分析して考えられる出題形式を収録しました。検定試験で緊張《きんちょう》しないように慣れておきましょう。学習の総仕上げなので、時間をきちんと計って取り組んでください。

特長③ 実戦的な漢字資料付き—別冊付録

「5級 配当漢字表」「5級 おもな特別な読み、熟字訓・当て字」「6級以下の配当漢字」「部首一覧」を、見やすい形で別冊に収録しています。また配当漢字表では、その漢字がどの分野でねらわれやすいのか、ひと目でわかるように、アイコンを付けてあります。学習の基礎《きそ》資料としてはもちろん、別冊に収録しているので持ち運びもしやすく、検定会場での直前チェックにも使えます。

特長④ 次の級へのチャレンジテスト

巻末には、一つ上の4級の形式の問題を収録しています。次の目標を立てるときの参考にしましょう。

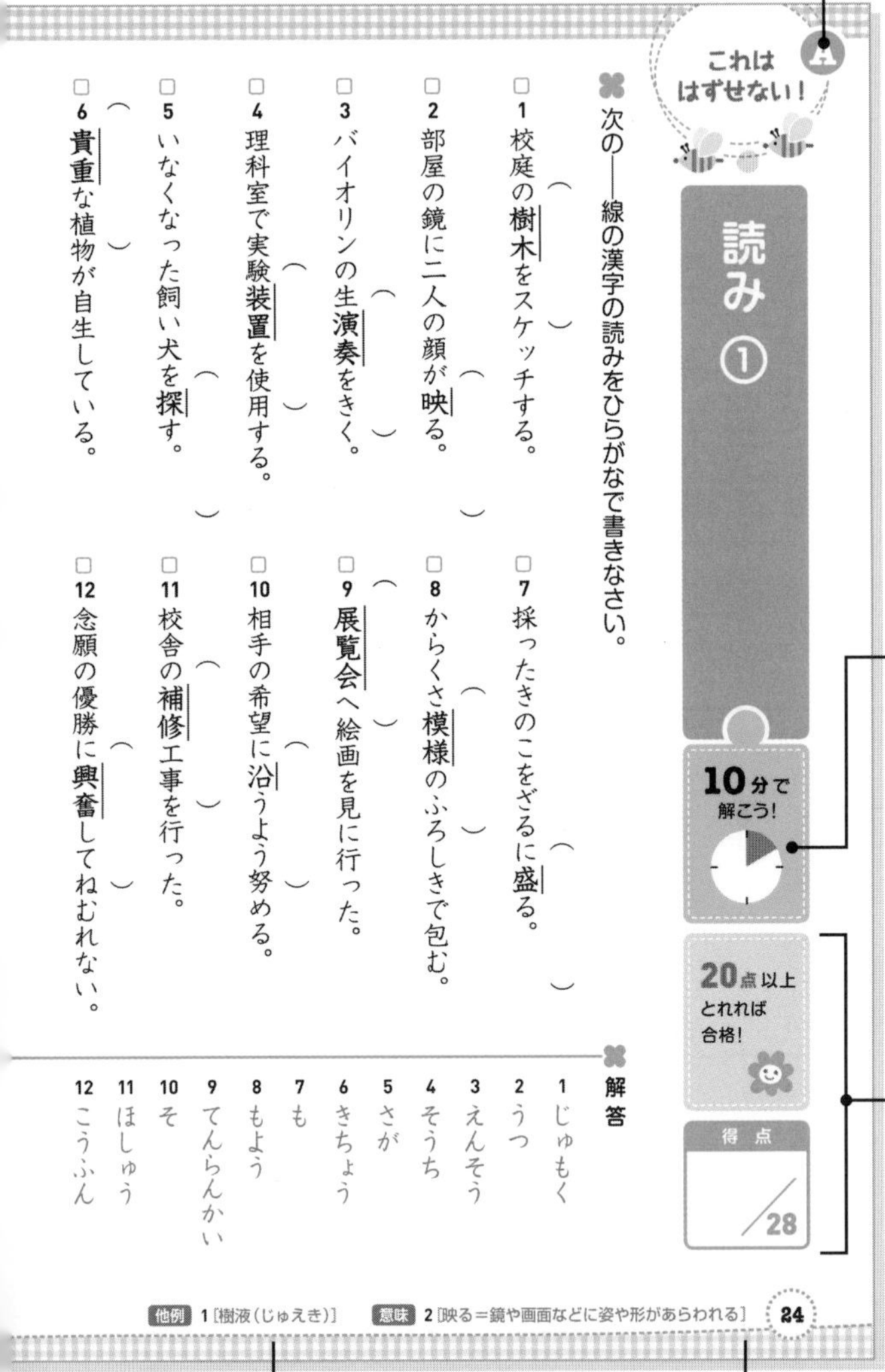
これは はずせない！ A

読み ①

10分で解こう！

20点以上 とれれば 合格！

得点 /28

次の――線の漢字の読みをひらがなで書きなさい。

□ 1 校庭の樹木をスケッチする。（　）
□ 2 部屋の鏡に二人の顔が映る。（　）
□ 3 バイオリンの生演奏をきく。（　）
□ 4 理科室で実験装置を使用する。（　）
□ 5 いなくなった飼い犬を探す。（　）
□ 6 貴重な植物が自生している。（　）
□ 7 採ったきのこをざるに盛る。（　）
□ 8 からくさ模様のふろしきで包む。（　）
□ 9 展覧会へ絵画を見に行った。（　）
□ 10 相手の希望に沿うよう努める。（　）
□ 11 校舎の補修工事を行った。（　）
□ 12 念願の優勝に興奮してねむれない。（　）

解答
1 じゅもく
2 うつ
3 えんそう
4 そうち
5 さが
6 きちょう
7 も
8 もよう
9 てんらんかい
10 そ
11 ほしゅう
12 こうふん

他例 1［樹液（じゅえき）］　意味 2［映る＝鏡や画面などに姿や形があらわれる］　24

出題分野別のでる順

検定試験で出題される出題分野別に、A・Bランクのでる順で構成しています。

目標解答時間の表示

検定試験を時間内に終えるには、時間配分も重要になります。本書では、各見開きに目標解答時間を示しています。

合格目標点・得点欄《らん》

自己採点用の得点欄です。各問題の上にあるチェックボックスと合わせて使い、解けない問題を減らしましょう。目標得点は全体の７割です。

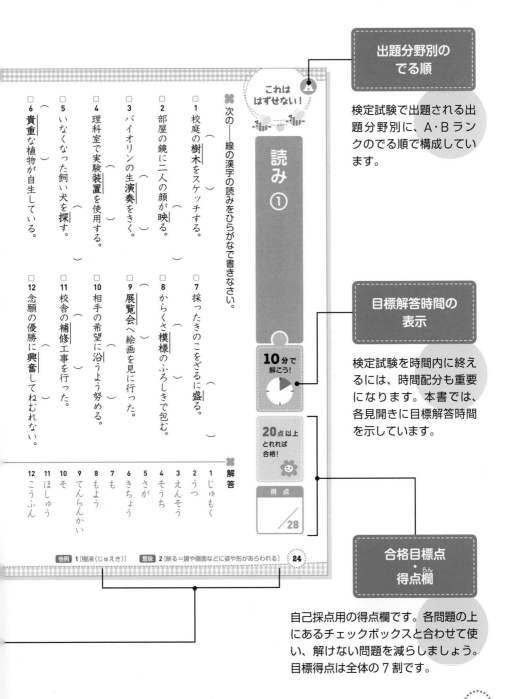

A ランク…… 検定試験で必ずといっていいほど出題される最重要問題

B ランク …… 検定試験でよくねらわれる合否を左右する重要問題

読み ①

□ 13 機械の**操作**方法を覚える。（　　）

□ 14 家の**障子**を全部張りかえた。（　　）

□ 15 父の**背**を見て育つ。（　　）

□ 16 化石の年代を**推定**する。（　　）

□ 17 日が**暮**れるのが早くなった。（　　）

□ 18 父の**遺産**は大学に寄付された。（　　）

□ 19 語学を**系統**的に学習する。（　　）

□ 20 布を絵の具で緑色に**染**める。（　　）

□ 21 大学で東アジア**地域**を研究する。（　　）

□ 22 お世話になった先生を**訪**ねる。（　　）

□ 23 あの人は**著名**なピアニストだ。（　　）

□ 24 寺社の**拝観**料を調べる。（　　）

□ 25 この天守閣は**国宝**である。（　　）

□ 26 弟の**姿**が見えなくなった。（　　）

□ 27 あまりの出来事に**我**を忘れた。（　　）

□ 28 実力を存分に**発揮**する。（　　）

13 そうさ　14 しょうじ　15 せ　16 すいてい　17 く　18 いさん　19 けいとう　20 そ　21 ちいき　22 たず　23 ちょめい　24 はいかん　25 こくほう　26 すがた　27 われ　28 はっき

25　意味 19［系統＝一定の順序に従った統一のあるつながり］

赤色シートで消える解答

解答は赤い字で書かれており、付属の赤色シートでかくすことができます。このシートを使えば、同じページの中にある解答を気にすることなく学習できます。

学習の手助けになるように解説を充実させました。解答欄はもとより、ページの欄外にも解説を入れてあり、わざわざ辞書を使わなくてもポイントを押《お》さえた学習が可能です。確実な実力を養成するためにも、しっかり確認《かくにん》しておきましょう。

充実《じゅうじつ》した解説

漢字検定を受検する方法は、大きく分けて３つあります。公開会場で受ける「個人受検」と、コンピューターを使って受検する「漢検ＣＢＴ」、学校や企業《きぎょう》・塾《じゅく》などで一定人数以上がまとまって受ける「団体受検」です。

それぞれの主な流れを見てみましょう。

公開会場

検定日　原則として毎年、6月・10月・翌年1月か2月の日曜日の年3回。申し込《こ》み期間は、検定日の約3か月前から約1か月前。

検定会場　全国主要都市および海外主要都市。

インターネットで申し込み

日本漢字能力検定協会（以下漢検協会）のホームページ（https://www.kanken.or.jp/）にアクセスし、必要事項《じこう》を入力。

取り扱《あつか》い書店で申し込み

取り扱い書店で願書を手に入れ、書店で検定料を支払《しはら》って書店払込証書を入手。

取り扱い機関で申し込み

取り扱い書店などで願書を入手、または取り扱い機関（新聞社など）に郵送にて願書を請求《せいきゅう》。

団体受検

（準会場受検）

設置条件を満たしている学校や団体が、自ら団体受検用の会場と責任者を設け実施《じっし》する受検方法です。2 級～ 10 級の準会場での志願者が合計 10 人以上ならば申し込みが可能で、協会が指定する日程（年間で 13 日程度）の中から検定日を選択《せんたく》することができます。

※申し込み方法に関する詳しい情報は、日本漢字能力検定協会のホームページをご確認《かくにん》下さい。

検定料支払い

クレジットカード決済やコンビニ決済など。

願書送付

願書と書店払込証書を漢検協会に送付。

願書送付

願書に必要事項を記入後、検定料を添《そ》えて取り扱い機関へ申し込む。

受検票入手

検定日の1週間前までに到着《とうちゃく》。

※準2級以上の受検者は、受験票に顔写真を貼付《てんぷ》。

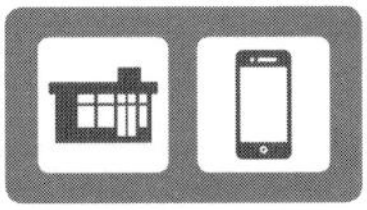

※公開会場での個人受検を申し込むには、他にもコンビニエンスストアや携帯《けいたい》電話を使う方法があります。

漢検 CBT （コンピューター・ベースド・テスティング）

漢検 CBT は、コンピューターを使って受検するシステムのことです。合格すると従来の検定試験と同じ資格を取得することができます。漢検 CBT で受検できるのは 2 ～ 7 級で、検定料は従来の検定試験と同じ、申し込みはインターネットからのみです。通常の（紙での）検定試験とのちがいは、実施回数です。検定試験が年 3 回であるのに対し、漢検 CBT は、試験会場によっては日曜祝日も実施しており、都合のよい日程で受検できます。試験会場は 47 都道府県にあります。また、合否の結果が約 10 日でわかるので非常にスピーディといえます。

自分の学習レベルと審査《しんさ》基準を照らし合わせて、受検級を決めましょう。受検日を決めたら、『でる順問題集』で勉強を始めましょう！

三か月前

まずは最低限！

合格に最低限必要とされるAランクの問題を確実に解けるようにしよう！

確かな合格力を！

Aランクが一通り終わったら、Bランクにステップアップ！

申し込みを忘れずに！

申し込み期間は約三か月前から一か月前。忘れないように、早めに申し込《こ》んでおこう！

一か月前

一週間前

受検票をゲット！

一週間前までに受検票が送られてくる。受検会場・検定時間をしっかり確認《かくにん》しておこう！

予想問題で実力チェック！

巻末の予想問題で自分の弱点を確認！　全3回収録されているので、定期的に解いてみよう！物足りなければ、旺文社《おうぶんしゃ》の『漢検試験問題集』を使うのも効果的！

前日

試験当日

試験本番は落ち着いて！

別冊を使って最後の確認を。試験本番では今までがんばった自分を信じて、あわてずしっかりと問題を解こう！
とめ・はねなどははっきりと！　時間が余ったら、見直すことも忘れずに。

忘れ物は厳禁！

試験当日には、
①受検票　②消しゴム　③筆記用具（HB、B、2B のえんぴつ、またはシャープペンシル）　④本書
を必ず持っていこう！
万年筆やボールペンは不可で、ルーペは持ち込み可となっている。

一か月後

合格の通知！

検定の約四十日後をめやすに、合格者には合格証書・合格証明書と検定結果通知が、不合格者には検定結果通知が郵送される。

次の級へチャレンジ！

見事に合格できたら、さっそく次の級の受検を考えよう！
今回と同じ方法で勉強すれば、きっと大丈夫《だいじょうぶ》!!
まずは巻末の 4 級チャレンジテストで力だめし！

読み

配点　1点×20問

出題傾向

短文中の漢字の読みを答える問題。出題は音読み・訓読みともに、5級配当漢字191字が中心。最近の出題では、音読み（主に二字熟語）が約10問、訓読み（主に一字訓）が約10問。最終問題は短文ではなく俳句やことわざが使われるパターンが多い。

攻略のポイント

●5級配当漢字の読みを確実にチェック

漢字の読みは、国語能力の基本です。他ジャンルの問題を解く上でも有利になるので、確実にしておきましょう。

●特別な読み、熟字訓・当て字をチェック

特別な読みや熟字訓・当て字は、別冊に一覧があります。数も多くないのでしっかり覚えましょう。

例　果物（くだもの）　景色（けしき）　眼鏡（めがね）

●現代仮名《かな》遣《づか》いのルールを守る

仮名遣いは内閣告示「現代仮名遣い」によります。「じ」と「ぢ」、「ず」と「づ」の使い分けなど、意外にまちがって覚えている場合もあります。読みがわかっていても正確に答えられなければ不正解です。

●複数の読み方がある熟語は文脈を理解する

複数の読み方を持つ熟語の場合、読み方を変えると意味まで変わるものもあります。文脈を理解して、それに合う読み方をしましょう。

例　一目┬（いちもく）……敬意をはらう
　　　　└（ひとめ）……ちょっと見ること

部首と部首名

配点　1点×10問

出題傾向

問題となる漢字の部首と部首名を選択肢《せんたくし》から選ぶ問題。5級配当漢字を中心に出題される。「さんずい」「てへん」などの一般的《いっぱんてき》な部首の漢字よりは、「窓」(部首は穴)、「裁」(部首は衣)などのように判別の難しい漢字がねらわれる。

攻略のポイント

●部首は『漢検要覧2〜10級対応』に準拠《じゅんきょ》

部首の分類は漢和辞典によって異なる場合があります。漢字検定では、部首の分類は『漢検要覧2〜10級対応』(公益財団法人日本漢字能力検定協会)収録の「部首一覧表と部首別の常用漢字」に従わなければなりません(本書は、この一覧に準拠しています)。

●まちがいやすい部首は意識して覚える

まちがいやすい部首には、次のようなものがあります。

①部首が複数考えられる漢字

例　憲→宀?　心?(心が部首)
　　幕→艹?　巾?(巾が部首)
　　裏→亠?　衣?(衣が部首)

②部首の見当がつかない漢字

例　九→乙　背→肉　舎→舌

③漢字自体が部首の漢字

例　骨→骨　鼻→鼻　飛→飛

筆順・画数

配点　1点×10問

出題傾向

問題となる漢字の、任意の「画」が、筆順の何番目なのかを問う問題と、総画数を問う問題の2つが出題される。5級配当漢字を中心に出題される。同じ漢字でもさまざまな画が問われる。

攻略のポイント

●**筆順の主な原則**(例外があります)

漢字の筆順には原則があります。主な原則を覚えておけば、字の中に同じ形が出てきた場合に対応できます。

①上から下へ、左から右へ

②横画と縦画が交差するときは、横画を先に書く

③左はらいと右はらいが交差するときは、左はらいを先に書く

④つらぬく縦画、つらぬく横画は最後に書く

⑤横画と左はらいが交差する場合、横画が長い字は左はらいを先に書く

送りがな

配点　2点×5問

出題傾向

問題文中のカタカナを、漢字1字と送りがなに直して書く問題。5級配当漢字を書かせる出題が中心。

攻略のポイント

●**送りがなの主な原則**

送りがなの付け方は、内閣告示「送り仮名の付け方」によります。主な原則を頭に入れておきましょう。

①活用のある語は、活用語尾を送る

例 従う→従わない　従います　従えば　従え

【例外】

▼語幹が「し」で終わる形容詞は「し」から送る

例 厳しい　激しい　難しい

▼活用語尾の前に「か」「やか」「らか」を含む形容動詞は、その音節から送る

例 暖かだ　健やかだ　明らかだ

②副詞・連体詞・接続詞は、最後の音節を送る

例 必ず　少し　再び　全く　最も

●字数の多い語はねらわれやすい

字数の多い語は、特にねらわれやすいのでチェックしておきましょう。

例 浴びせる　喜ばしい　散らかる
確かめる　疑わしい　温める

音と訓

配点　2点×10問

出題傾向

問題となっている二字熟語のそれぞれの漢字の読みが、音読みなのか訓読みなのかを問う問題。正解となるア〜エの選択肢はほぼ均等に出題される。

攻略のポイント

●総合的な読みの力が問われる

二字熟語の読みがわからなければ手がつけられませんので、まずは読みを確実にしましょう。次に、二字熟語の場合、一方の漢字が音読みであれば、もう一方もたいていは音読みです。訓読みも同様です。5級配当漢字を含む「音読み＋訓読み」「訓読み＋音読み」の組み合わせは限られていますので、それらをまとめて覚えるのもよいでしょう。

四字熟語

配点　2点×10問

出題傾向

四字熟語のうち、カタカナになっている部分を漢字1字に直し、四字熟語を完成させる問題。出題される四字熟語は典拠《てんきょ》のあるものを中心に、「学習意欲」のような一《いっ》般《ぱん》用語も出題される。

攻略のポイント

●四字熟語の構成を理解する

① 数字が使われているもの

例　一刻千金
　　四苦八苦

② 上の2字と下の2字が似た意味で対応しているもの

例　明朗快活…明朗(明るい)＝快活(元気)

③ 上の2字と下の2字が反対の意味で対応しているもの

例　質疑応答…質疑(問う)↕応答(答える)

④ 上の2字も下の2字もそれぞれの漢字が反対語で、さらに上の2字と下の2字が対《つい》になっているもの

例　利害得失…「利↕害」―「得↕失」

⑤ 上の2字と下の2字が主語と述語の関係のもの

例　自己負担…自己「が」負担「する」

⑥ 上の2字と下の2字が修飾《しゅうしょく》・被《ひ》修飾の関係、または連続しているもの

例　株式会社…株式の会社

⑦ 4つの字が対等なもの

例　加減乗除…加＝減＝乗＝除

対義語・類義語

配点　2点×10問

対義語は、2つの語が正反対の関係にあるもの（輸入と輸出）と、正反対ではなくても対の関係にあるもの（青年と老人）をいう。類義語は、2つの語の意味する範囲が同じもの（永遠と永久）と、意味する範囲が一部重なったり近い関係にあったりするもの（先生と教師）をいう。

出題傾向

問題の熟語に対して、対義語・類義語となる熟語の1字が空欄《くうらん》になっていて、そこにあてはまる適切な語（ひらがな）を選択肢《せんたくし》から選んで漢字に直す問題。問題の熟語を構成するのは5級配当漢字が中心。

攻略のポイント

●対義語の構成を理解する

① 上の字がそれぞれ同じもの

例　最高↕最低　屋内↕屋外

② 下の字がそれぞれ同じもの

例　暖流↕寒流　朗報↕悲報

③ 上下の字がそれぞれ対応しているもの

例　温暖↕寒冷　拡大↕縮小

④ 上下の字がどちらも対応していないもの

例　義務↕権利　油断↕用心

●類義語の構成を理解する

① 上の字がそれぞれ同じもの

例　地域＝地区　自己＝自分

② 下の字がそれぞれ同じもの

例　著名＝有名　忠告＝警告

③ 上の字か下の字が同じもの

例　加盟＝参加　尊重＝重視

④ 同じ字がないもの

例　準備＝用意　承知＝同意

熟語作り

配点　2点×5問

出題傾向

出題されている文章の意味に合う熟語を、あとの選択《せんたく》肢《し》の漢字を組み合わせて作る問題。

攻略のポイント

●漢字の意味をつかむ

問題文に当てはまる熟語が、すぐに思いつけばよいのですが、そうはいかない場合があります。その時は、問題文に結びつく漢字1字を選び、他の漢字と組み合わせながら熟語を作ります。

例　意味は"個人で持っているもの"
→ "個人"だから「私」
→ "持っているもの"だから「物」
→ 答えは「私物」

熟語の構成

配点　2点×10問

出題傾向

二字熟語を構成する上下の漢字が、次にあげる5つのうち、どの関係で結びついているのかを問う問題。**ア**～**エ**の4つの分類で出題されることもある。

ア　反対や対《つい》になる意味の字を組み合わせたもの
イ　同じような意味の字を組み合わせたもの
ウ　上の字が下の字の意味を説明(修飾)しているもの
エ　下の字から上の字へ返って読むと意味がよくわかるもの
オ　上の字が下の字の意味を打ち消しているもの

攻略のポイント

●熟語の構成の見分け方

漢字の意味や熟語の意味をふまえて、簡単な言葉に言いかえるのがポイントです。

▼アとイ↓2つの漢字がそれぞれ並列の関係になっているので、それぞれの漢字の意味がわかれば簡単に解ける。

例 ア 開閉…開く・閉じる
　イ 暗黒…暗い・黒い

▼ウ↓2種類の組み合わせがあるが、文章の形にすればよい。

①下の字が名詞の場合

例 幼児…幼い子供　特権…特別な権利

②下の字が動詞の場合

例 精読…くわしく読む　激動…激しく動く

▼エ↓下の字に「を」「に」を付けて文章を作ってみるとよい。

例 洗顔…顔「を」洗う　従軍…軍「に」従う

▼オ↓打ち消しを意味する漢字「不・未・無・非」が上に付くので、すぐにわかる。

例 不孝　未納　無傷　非常

同じ読みの漢字

配点 2点×10問

出題傾向

2組の短文中にある同じ読みで異なる漢字を、それぞれ書いて答える問題。出題は5級配当漢字を含む形がほとんどで、最近の出題では、同音異字が8問（4組）、同訓異字が2問（1組）出題されるパターンが多い。

攻略のポイント

●漢字を使い分ける力が必要

漢字を使い分けるためには漢字の意味を知ることが近道です。同じ読みの漢字は複数あるので、日ごろから同じ読みの漢字には注目して、意味も確認《かくにん》しましょう。問題の短文をしっかり読み、その文脈に合った熟語を選ぶことが必要です。

例 努める…努力する
　務める…役割や任務にあたる
　勤める…勤務する

書き取り

配点　2点×20問

出題傾向

問題文中のカタカナを漢字で書く問題。5級配当漢字を中心として、音読み、訓読み、熟字訓・当て字、特別な読みなど、すべての読みに対応して出題される。最近の出題では、音読み（主に二字熟語）が約10問、訓読み（主に一字訓）が約10問出題されるパターンが多い。

攻略のポイント

●正しく明確に書く

「とめる・はねる」「つき出す・つき出さない」「つける・はなす」「画の長短」など、正しい筆画で明確に書くことが求められます。くずした字や乱雑な書き方は採点の対象外です。

例

牛…とめる（平　車）
京…はねる（守　可）
令…つける（全　命）
分…はなす（穴　公）

君…つき出す（事　書）
急…つき出さない（当　雪）
末…上が長い（士　志）
未…上が短い（土　夫）

許容の範囲

印刷物は一般的《いっぱんてき》に明朝《みんちょう》活字と呼ばれる字体のものが多く、楷書《かいしょ》体とは活字デザイン上若干《じゃっかん》の違《ちが》いがあります。検定試験では、画数の変わってしまう書き方は不正解ですが、「とめる・はねる」「つける・はなす」など、解答として許容されるものがあります。

以下、明朝体と楷書体の差異に関する例の一部を抜粋《ばっすい》します。検定試験ではどちらで書いても正解となります。

① 長短に関する例
無→無＝無

② 方向に関する例
主→主＝主

③ つけるか、はなすかに関する例
月→月＝月

④ はらうか、とめるかに関する例
骨→骨＝骨

⑤ はねるか、とめるかに関する例
糸→糸＝糸

⑥ その他
令→令＝令

これは はずせない！

でる順 A ランク

これは はずせない！ A

読み①

10分で解こう！

20点以上とれれば合格！

得点 /28

次の――線の漢字の読みをひらがなで書きなさい。

1 校庭の**樹木**をスケッチする。（　　）

2 部屋の鏡に二人の顔が**映**る。（　　）

3 バイオリンの生**演奏**をきく。（　　）

4 理科室で実験**装置**を使用する。（　　）

5 いなくなった飼い犬を**探**す。（　　）

6 **貴重**な植物が自生している。（　　）

7 採ったきのこをざるに**盛**る。（　　）

8 からくさ**模様**のふろしきで包む。（　　）

9 **展覧会**へ絵画を見に行った。（　　）

10 相手の希望に**沿**うよう努める。（　　）

11 校舎の**補修**工事を行った。（　　）

12 念願の優勝に**興奮**してねむれない。（　　）

解答

1 じゅもく
2 うつ
3 えんそう
4 そうち
5 さが
6 きちょう
7 も
8 もよう
9 てんらんかい
10 そ
11 ほしゅう
12 こうふん

他例 1［樹液（じゅえき）］　意味 2［映る＝鏡や画面などに姿や形があらわれる］

13 機械の操作方法を覚える。（　　）

14 家の障子を全部張りかえた。（　　）

15 父の背を見て育つ。（　　）

16 化石の年代を推定する。（　　）

17 日が暮れるのが早くなった。（　　）

18 父の遺産は大学に寄付された。（　　）

19 語学を系統的に学習する。（　　）

20 布を絵の具で緑色に染める。（　　）

21 大学で東アジア地域を研究する。（　　）

22 お世話になった先生を訪ねる。（　　）

23 あの人は著名なピアニストだ。（　　）

24 寺社の拝観料を調べる。（　　）

25 この天守閣は国宝である。（　　）

26 弟の姿が見えなくなった。（　　）

27 あまりの出来事に我を忘れた。（　　）

28 実力を存分に発揮する。（　　）

---

13 そうさ
14 しょうじ
15 せ
16 すいてい
17 く
18 いさん
19 けいとう
20 そ
21 ちいき
22 たず
23 ちょめい
24 はいかん
25 こくほう
26 すがた
27 われ
28 はっき

意味 19［系統＝一定の順序に従った統一のあるつながり］

これは はずせない！ A

読み②

10分で解こう！

20点以上とれれば合格！

得点 /28

次の――線の漢字の読みをひらがなで書きなさい。

□ 1 速達で郵便小包が届く。（　　）

□ 2 穀物の自給率を向上させる。（　　）

□ 3 神秘的な光景を見て感動する。（　　）

□ 4 生命は何よりも尊い。（　　）

□ 5 みんなで絵本を回覧する。（　　）

□ 6 単純な問題でも意外に難しい。（　　）

□ 7 授業時間を延長して実験を続ける。（　　）

□ 8 この大学を創設したのは祖父だ。（　　）

□ 9 台風で激しい風雨に見まわれる。（　　）

□ 10 研究の最後に結論をまとめる。（　　）

□ 11 見直して計算の誤りを見つけた。（　　）

□ 12 問題の要点を簡潔に述べる。（　　）

解答

1 とど
2 こくもつ
3 しんぴ
4 とうと・たっと
5 かいらん
6 たんじゅん
7 えんちょう
8 そうせつ
9 はげ
10 けつろん
11 あやま
12 かんけつ

意味 8［創設＝ある機関・しせつなどを新たにつくること］

□ 13 **法律**は国会で制定される。（　　）

□ 14 **厳**しい言葉をかけられる。（　　）

□ 15 新しい**内閣**を組織する。（　　）

□ 16 走者が一列に**並**ぶ。（　　）

□ 17 みんなで仕事を**分担**しよう。（　　）

□ 18 防災訓練で**警報**装置が鳴る。（　　）

□ 19 電車は**降**りる人が優先です。（　　）

□ 20 **晩秋**の京都を一人で旅する。（　　）

□ 21 限りある**資源**を有効に利用する。（　　）

□ 22 南極大陸の**探検**に出かける。（　　）

□ 23 小説のあら**筋**を説明する。（　　）

□ 24 お**地蔵**さまに花をお供えする。（　　）

□ 25 日本の**蒸気**機関車の発展を調べる。（　　）

□ 26 スーパーで買った野菜を**刻**む。（　　）

□ 27 姉は、かぜで**食欲**が落ちている。（　　）

□ 28 昨日やけどをしたところが**痛**い。（　　）

---

13 ほうりつ
14 きび
15 ないかく
16 なら
17 ぶんたん
18 けいほう
19 お
20 ばんしゅう
21 しげん
22 たんけん
23 すじ
24 じぞう
25 じょうき
26 きざ
27 しょくよく
28 いた

他例 16［並木（なみき）］ 19［降（ふ）る］

これは はずせない！ A

読み ③

10分で解こう！

20点以上とれれば合格！

得点 /28

次の――線の漢字の読みをひらがなで書きなさい。

□ 1 毎朝作業員の点呼を行う。（　　）
□ 2 犯罪を法律で裁く。（　　）
□ 3 いよいよ映画の幕が開く。（　　）
□ 4 観衆が総立ちになった。（　　）
□ 5 短編集に収録されている作品。（　　）
□ 6 読んでいる本を閉じる。（　　）
□ 7 明朗な性格でみんなに好かれる。（　　）
□ 8 新しい総理大臣が就任した。（　　）
□ 9 政府が経済対策をまとめた。（　　）
□ 10 不満ではあるが命令には従う。（　　）
□ 11 ホームランで窓ガラスが割れた。（　　）
□ 12 新幹線の座席を指定する。（　　）

解答

1 てんこ
2 さば
3 まく
4 かんしゅう
5 しゅうろく
6 と
7 めいろう
8 しゅうにん
9 たいさく
10 したが
11 まど
12 ざせき

意味 1［点呼＝一人一人の名前を呼んで、人数を確かめること］

□ 13 食事の前には手をよく洗う。（　　）

□ 14 おかずの残りを保存する。（　　）

□ 15 グラスのふちから水が垂れる。（　　）

□ 16 日米首脳会談が行われた。（　　）

□ 17 姉は看護学校に通っている。（　　）

□ 18 地球温暖化問題を話し合う。（　　）

□ 19 賛同する人の署名を集める。（　　）

□ 20 延べ二十万人が動員された。（　　）

□ 21 沿岸漁業でとれる魚を調べる。（　　）

□ 22 友達を助けるために勇気を奮う。（　　）

□ 23 絵巻物の特別展を見に行く。（　　）

□ 24 郷里に帰るのは三年ぶりだ。（　　）

□ 25 はるか遠くに山の頂が見える。（　　）

□ 26 裏庭に大きなさくらの木がある。（　　）

□ 27 発表会までに歌詞を覚える。（　　）

□ 28 学校の授業で俳句に親しむ。（　　）

13 あら
14 ほぞん
15 た
16 しゅのう
17 かんご
18 おんだんか
19 しょめい
20 の
21 えんがん
22 ふる
23 えまきもの
24 きょうり
25 いただき
26 うらにわ
27 かし
28 はいく

意味　16［首脳＝団体・組織の中心になる人］　24［郷里＝生まれ故郷。ふるさと］

これは はずせない！ A

読み④

10分で解こう！

20点以上とれれば合格！

得点 ／28

次の――線の漢字の読みをひらがなで書きなさい。

1 高台まで水田を**拡張**する。（　　）

2 山の**中腹**でお弁当にしよう。（　　）

3 洗たく物を外に**干**す。（　　）

4 けが人に応急**処置**をほどこす。（　　）

5 障子に**穴**が空いている。（　　）

6 友人の**誕生**会に招待された。（　　）

7 **成熟**した大人になろう。（　　）

8 父は仕事で**帰宅**が深夜になった。（　　）

9 兄は来年から会社に**勤**める。（　　）

10 苦手科目を**優先**して勉強する。（　　）

11 交通事故で**骨折**してしまった。（　　）

12 身内の不幸に**胸**を痛めた。（　　）

解答

1 かくちょう
2 ちゅうふく
3 ほ
4 しょち
5 あな
6 たんじょう
7 せいじゅく
8 きたく
9 つと
10 ゆうせん
11 こっせつ
12 むね

意味 2［中腹＝山のふもとと山頂との中ほど］ 12［胸を痛める＝とても心配する］

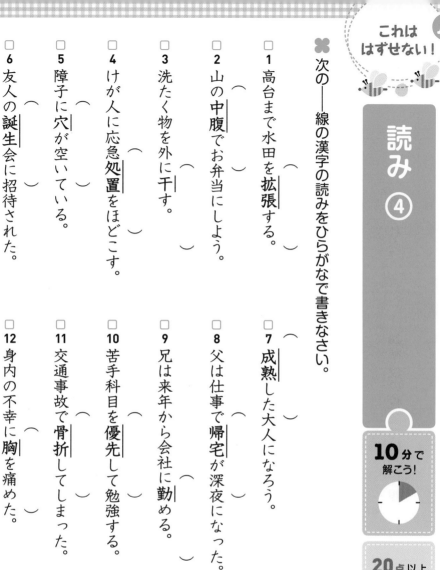

□13 いさぎよく負けを認めることに（　　　）
□14 戦国武将について調べる。（　　　）
□15 専門学校で洋裁を学びたい。（　　　）
□16 アゲハチョウが卵を産んだ。（　　　）
□17 市長が災害現場を視察する。（　　　）
□18 バスの運賃が値上げされた。（　　　）
□19 友人の明快な説明に舌を巻く。（　　　）
□20 おたがいの個性を尊重する。（　　　）
□21 クラス全員で問題点を検討する。（　　　）
□22 古代の地層から化石を発見した。（　　　）
□23 家で幼い子供の世話をする。（　　　）
□24 選挙で構造改革をうったえる。（　　　）
□25 会員割引でチケットを買う。（　　　）
□26 憲法は国の基本となる決まりだ。（　　　）
□27 駅前に新しい庁舎が建った。（　　　）
□28 潮の流れが速く、泳ぐには危険だ。（　　　）

13 みと
14 ぶしょう
15 ようさい
16 たまご
17 しさつ
18 うんちん
19 ま
20 そんちょう
21 けんとう
22 ちそう
23 おさな
24 かいかく
25 わりびき
26 けんぽう
27 ちょうしゃ
28 しお

意味　15［洋裁＝洋服をつくること］　19［舌を巻く＝非常に感心したり、おどろいたりすること］

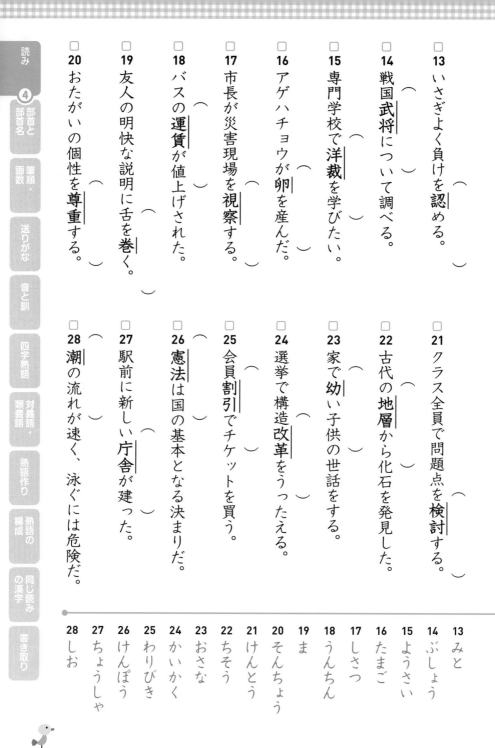

これは はずせない！ A

部首と部首名 ①

10分で解こう！

13点以上とれれば合格！

得点 /18

次の漢字の部首と部首名を後の［　］の中から選び、記号で答えなさい。

部首　部首名

1 盟［　］（　）
2 署［　］（　）
3 困［　］（　）
4 染［　］（　）

5 層［　］（　）
6 熟［　］（　）
7 劇［　］（　）
8 憲［　］（　）

部首

あ 皿　い 木　う 刂
え 罒　お 口　か 灬
き 心　く 尸

部首名

ア かばね・しかばね　イ こころ
ウ りっとう　エ れんが・れっか
オ あみがしら・あみめ・よこめ
カ き　キ くにがまえ　ク さら

解答

1 ［あ］皿 （ク）さら
2 ［え］罒 （オ）あみがしら あみめ よこめ
3 ［お］口 （キ）くにがまえ
4 ［い］木 （カ）き
5 ［く］尸 （ア）かばね しかばね
6 ［か］灬 （エ）れんが れっか
7 ［う］刂 （ウ）りっとう
8 ［き］心 （イ）こころ

他例 2［罒＝はん囲内ではほかは、置・罪のみ］

部首 部首名

9 座［　］（　）
10 蒸［　］（　）
11 窓［　］（　）
12 箇［　］（　）
13 閣［　］（　）

14 創［　］（　）
15 裁［　］（　）
16 誕［　］（　）
17 宣［　］（　）
18 探［　］（　）

部首
あ 扌　い 刂　う 广
え 宀　お 𥫗　か 艹
き 言　く 門　け 穴
こ 衣

部首名
ア くさかんむり　イ ごんべん
ウ ころも　エ あなかんむり
オ たけかんむり　カ まだれ
キ うかんむり　ク りっとう
ケ もんがまえ　コ てへん

---

9 ［う］广（カ）まだれ
10 ［か］艹（ア）くさかんむり
11 ［け］穴（エ）あなかんむり
12 ［お］𥫗（オ）たけかんむり
13 ［く］門（ケ）もんがまえ

14 ［い］刂（ク）りっとう
15 ［こ］衣（ウ）ころも
16 ［き］言（イ）ごんべん
17 ［え］宀（キ）うかんむり
18 ［あ］扌（コ）てへん

他例 11［穴＝はん囲内ではほかは、空・究のみ］

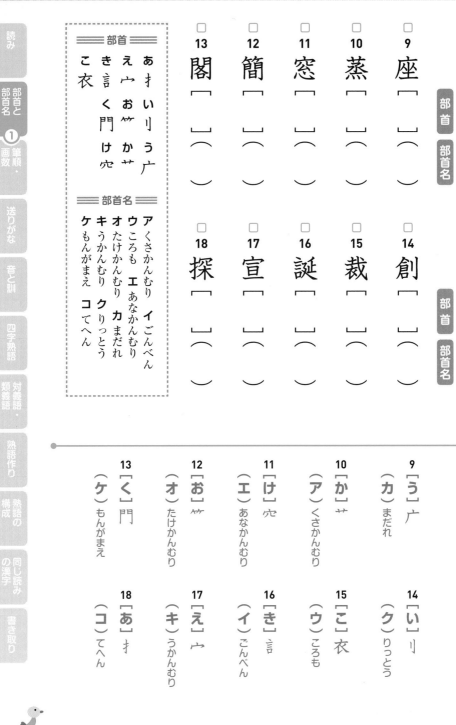

これは はずせない！ A

部首と部首名 ②

10分で解こう！

13点以上とれれば合格！

得点 /18

次の漢字の部首と部首名を後の□の中から選び、記号で答えなさい。

	漢字	部首	部首名
1	庁	[　]	(　)
2	痛	[　]	(　)
3	肺	[　]	(　)
4	縮	[　]	(　)
5	忘	[　]	(　)
6	割	[　]	(　)
7	陛	[　]	(　)
8	著	[　]	(　)

部首
あ 心　い 月　う 艹
え 广　お 阝　か 疒
き 糸　く 刂

部首名
ア くさかんむり　イ こころ
ウ いとへん　エ りっとう
オ やまいだれ　カ にくづき
キ まだれ　ク こざとへん

解答

1 [え] 广 (キ) まだれ
2 [か] 疒 (オ) やまいだれ
3 [い] 月 (カ) にくづき
4 [き] 糸 (ウ) いとへん
5 [あ] 心 (イ) こころ
6 [く] 刂 (エ) りっとう
7 [お] 阝 (ク) こざとへん
8 [う] 艹 (ア) くさかんむり

他例 2 [疒＝はん囲内ではほかは、病のみ]

9 盛［　］（　）
10 幕［　］（　）
11 敬［　］（　）
12 聖［　］（　）
13 我［　］（　）

14 誌［　］（　）
15 筋［　］（　）
16 宗［　］（　）
17 郷［　］（　）
18 担［　］（　）

部首
部首名

部首

あ 戈　い 巾　う 阝　え 宀　お 扌　か 耳　き 言　く 皿　け 竹　こ 攵

部首名

ア たけかんむり　イ てへん　ウ のぶん・ぼくづくり　エ さら　オ うかんむり　カ ごんべん　キ おおざと　ク はば　ケ みみ　コ ほこづくり・ほこがまえ

9［く］（エ）皿 さら
10［い］（ク）巾 はば
11［こ］（ウ）攵 のぶん ぼくづくり
12［か］（ケ）耳 みみ
13［あ］（コ）戈 ほこづくり ほこがまえ

14［き］（カ）言 ごんべん
15［け］（ア）竹 たけかんむり
16［え］（オ）宀 うかんむり
17［う］（キ）阝 おおざと
18［お］（イ）扌 てへん

他例 13［戈＝はん囲内ではほかは、成・戦のみ］

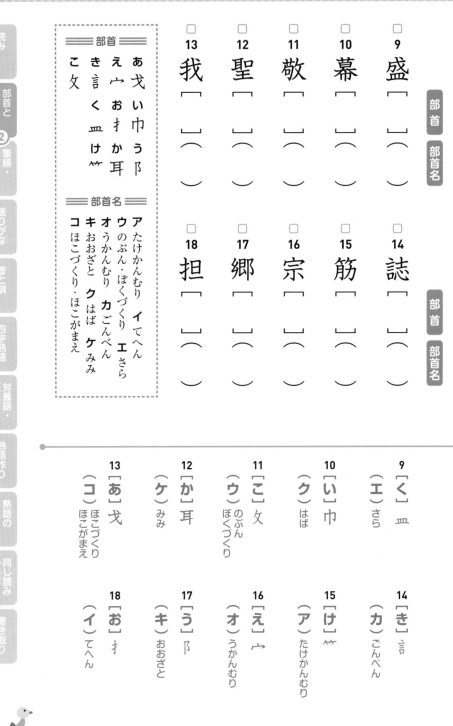

これは はずせない！ A

部首と部首名 ③

10分で解こう！

13点以上とれれば合格！

得点 /18

次の漢字の部首と部首名を後の□の中から選び、記号で答えなさい。

部首 部首名

□ 1 刻［　］（　）

□ 2 蔵［　］（　）

□ 3 枚［　］（　）

□ 4 臓［　］（　）

□ 5 勤［　］（　）

□ 6 賃［　］（　）

□ 7 郵［　］（　）

□ 8 認［　］（　）

部首

あ 貝　い 艹　う 力
え 刂　お 木　か 月
き 阝　く 言

部首名

ア かい・こがい　イ ちから　ウ ごんべん　エ りっとう　オ くさかんむり　カ きへん　キ おおざと　ク にくづき

解答

1［え］刂（エ）りっとう
2［い］艹（オ）くさかんむり
3［お］木（カ）きへん
4［か］月（ク）にくづき
5［う］力（イ）ちから
6［あ］貝（ア）かい こがい
7［き］阝（キ）おおざと
8［く］言（ウ）ごんべん

注意 5［力（ちから）とまちがえやすい「男」の部首は「田」、「協」の部首は「十」］

部首
部首名

9 忠［　］（　）
10 糖［　］（　）
11 延［　］（　）
12 暮［　］（　）
13 絹［　］（　）

部首
部首名

14 裏［　］（　）
15 諸［　］（　）
16 遺［　］（　）
17 届［　］（　）
18 推［　］（　）

部首

あ 辶　い 米　う 言　え 廴　お 糸　か 日　き 衣　く 扌　け 心　こ 尸

部首名

ア ごんべん　イ えんにょう　ウ しんにょう・しんにゅう　エ こめへん　オ いとへん　カ かばね・しかばね　キ ひ　ク こころ　ケ てへん　コ ころも

9［け］心（ク）こころ
10［い］米（エ）こめへん
11［え］廴（イ）えんにょう
12［か］日（キ）ひ
13［お］糸（オ）いとへん
14［き］衣（コ）ころも
15［う］言（ア）ごんべん
16［あ］辶（ウ）しんにょう しんにゅう
17［こ］尸（カ）かばね しかばね
18［く］扌（ケ）てへん

他例 11［廴＝はん囲内ではほかは、建のみ］

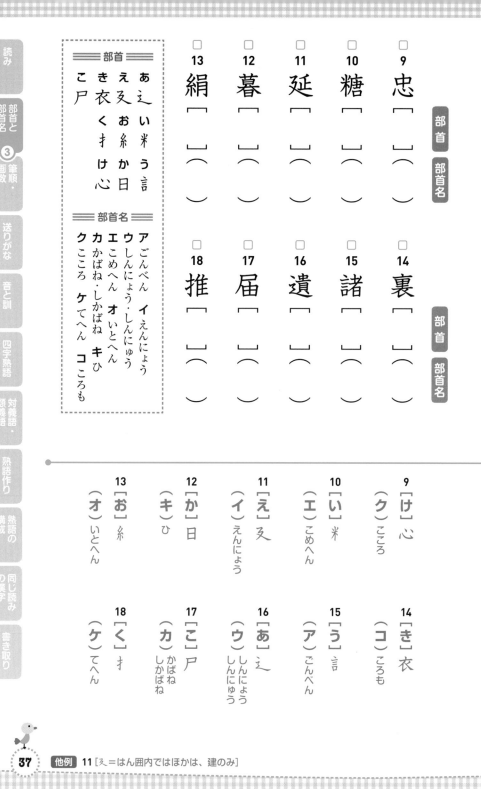

これは はずせない！ A

筆順・画数①

10分で解こう！

17点以上とれれば合格！

得点 /24

次の漢字の赤い画のところは筆順の何画目か、また総画数は何画か、算用数字（1、2、3…）で答えなさい。

何画目 総画数

1 我（　）［　］

2 脳（　）［　］

3 染（　）［　］

4 将（　）［　］

5 郵（　）［　］

6 舌（　）［　］

7 俳（　）［　］

8 陛（　）［　］

9 否（　）［　］

10 冊（　）［　］

解答

1 （3）［7］ 横のつらぬきの次は左の縦画を書く。

2 （8）［11］ 凶の囲みは最後に書く。

3 （4）［9］ 九は左のはらいを先に書く。

4 （3）［10］ 1画目の縦棒が問われることもある。

5 （7）［11］ 左側は垂と同様、土を後に書く。

6 （2）［6］ 左はらいの次に横画を書く。

7 （3）［10］ 非の筆順に注意。

8 （6）［10］ 阝（こざとへん）の画数は3画。

9 （3）［7］ 不は横線・左・まん中・右の順で書く。

10 （3）［5］ 最後につらぬく横画を書く。

他例 2［脳の10画目］ 10［冊の5画目のつらぬく横画］

何画目 総画数

□ 11 閣（　）［　］

□ 12 若（　）［　］

□ 13 骨（　）［　］

□ 14 誕（　）［　］

□ 15 郷（　）［　］

□ 16 卵（　）［　］

□ 17 蔵（　）［　］

何画目 総画数

□ 18 蒸（　）［　］

□ 19 推（　）［　］

□ 20 純（　）［　］

□ 21 訪（　）［　］

□ 22 衆（　）［　］

□ 23 系（　）［　］

□ 24 皇（　）［　］

---

11 （**6**）［**14**］ 門の筆順に注意。

12 （**4**）［**8**］ 左のはらいが4画目で次に横画へ。

13 （**4**）［**10**］ 3画目は縦画。

14 （**9**）［**15**］ 廴は最後に書く。

15 （**4**）［**11**］ 乡も阝（おおざと）も3画。

16 （**6**）［**7**］ 点はそれぞれ3画目と6画目。

17 （**4**）［**15**］ 4画目を5画目に書かないように注意。

18 （**6**）［**13**］ まん中の了は2画で書く。

19 （**8**）［**11**］ 隹では縦画を書いてから横画を書く。

20 （**7**）［**10**］ 最後にしを書く。

21 （**10**）［**11**］ 方の3画目と4画目の筆順に注意。

22 （**8**）［**12**］ 血の後はまん中・左・右の順で書く。

23 （**5**）［**7**］ 糸の書き方に注意。

24 （**7**）［**9**］ 王の筆順に注意。

他例 16［卵の3画目の「丶」］

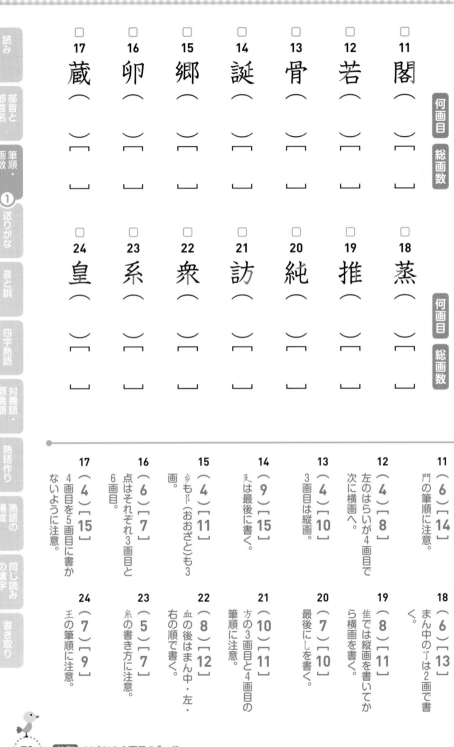

これは はずせない! A

筆順・画数 ②

10分で解こう!

17点以上とれれば合格!

得点 /24

次の漢字の赤い画のところは筆順の何画目か、また総画数は何画か、算用数字(1、2、3…)で答えなさい。

何画目 総画数

□ 1 装（　）［　］
□ 2 延（　）［　］
□ 3 宙（　）［　］
□ 4 覧（　）［　］
□ 5 片（　）［　］

□ 6 権（　）［　］
□ 7 党（　）［　］
□ 8 垂（　）［　］
□ 9 裁（　）［　］
□ 10 革（　）［　］

解答

1 （3）［12］ 1画目は縦棒を書く。
2 （2）［8］ 廴は3画で書く。
3 （6）［8］ 田・由などの横画は後に書く。
4 （1）［17］ 臣は縦・横のくり返しで書く。
5 （3）［4］ 左のはらいが1画目で次に縦画へ。
6 （8）［15］ 隹の筆順に注意。
7 （1）［10］ まん中の縦画を1画目に書く。
8 （6）［8］ 最後に土を書く。
9 （11）［12］ 衣を書いてから右側を書く。
10 （8）［9］ つらぬく縦画は最後に書く。

他例 2［延の5画目の横棒］ 6［権の9、12画目］

何画目　総画数

- 11 熟（　）［　］
- 12 聖（　）［　］
- 13 班（　）［　］
- 14 糖（　）［　］
- 15 灰（　）［　］
- 16 預（　）［　］
- 17 盛（　）［　］

何画目　総画数

- 18 券（　）［　］
- 19 臨（　）［　］
- 20 憲（　）［　］
- 21 吸（　）［　］
- 22 派（　）［　］
- 23 認（　）［　］
- 24 並（　）［　］

11（10）［15］
丸の筆順に注意。

12（11）［13］
王は横・縦・横・横の順に書く。

13（6）［10］
左から右へ書く。

14（13）［16］
唐の上部のつらぬく縦画は最後に書く。

15（5）［6］
火は左右の点を先に書く。

16（10）［13］
予は4画で書く。

17（1）［11］
成の左のはらいが1画目。

18（7）［8］
刀の筆順に注意。

19（2）［18］
臣の筆順に注意。

20（5）［16］
5画目が縦画になることに注意。

21（4）［6］
及は左のはらいから書く。

22（6）［9］
𠂆・亻は2画で書く。

23（9）［14］
㇇は1画で書く。

24（6）［8］
左右の点はまん中の縦線2本の次に書く。

他例　11［熟の9画目の「ノ」］　12［聖の5、6、12画目］

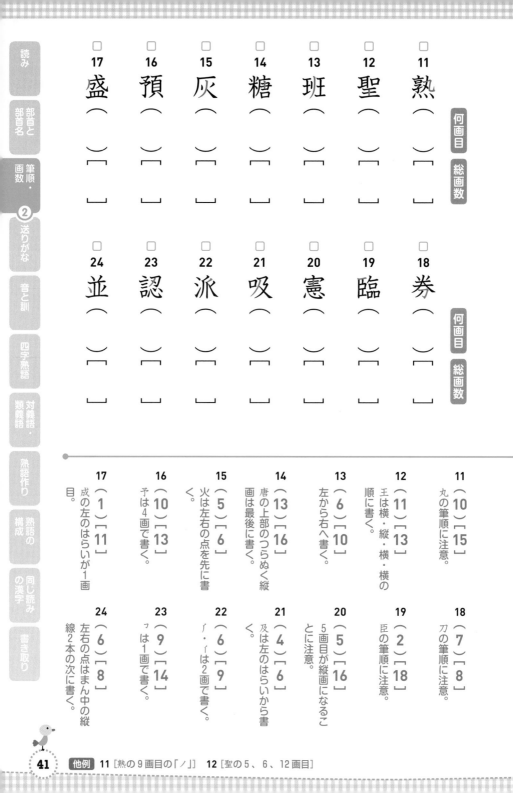

これは はずせない！ A

送りがな

20分で解こう！

20点以上とれれば合格！

得点 ／28

次の――線のカタカナの部分を漢字一字と送りがな（ひらがな）になおしなさい。

□ 1 ムズカシイ課題に直面する。（　　）

□ 2 オサナイ弟の遊び相手になる。（　　）

□ 3 夜中の一人歩きはアブナイ。（　　）

□ 4 大事な文書を家にワスレル。（　　）

□ 5 大雨で交通機関がミダレル。（　　）

□ 6 足りない栄養素をオギナウ。（　　）

□ 7 不要になったポスターをステル。（　　）

□ 8 キビシイ訓練を積んできた。（　　）

□ 9 秋は日がクレルのが早くなる。（　　）

□ 10 司令官の命令にシタガウ。（　　）

□ 11 商品を店のたなにナラベル。（　　）

□ 12 雨のしずくがのき先からタレル。（　　）

解答

1 難しい
2 幼い
3 危ない
4 忘れる
5 乱れる
6 補う
7 捨てる
8 厳しい
9 暮れる
10 従う
11 並べる
12 垂れる

他例 12［垂は「垂（た）らす」が問われることもある］

□13 製品から不良品をノゾク。（　　）

□14 山でハゲシイ雨に打たれる。（　　）

□15 おじの家に荷物をトドケル。（　　）

□16 朝起きたらまず顔をアラウ。（　　）

□17 答えのアヤマリを見つけた。（　　）

□18 冬の寒さに体もチヂマル。（　　）

□19 役人の不正を法律でサバク。（　　）

□20 読んでいた本をトジル。（　　）

□21 織物をあざやかな色にソメル。（　　）

□22 神社におもちをソナエル。（　　）

□23 お世話になった恩師をウヤマウ。（　　）

□24 むやみに人をウタガウな。（　　）

□25 玉ねぎをキザムとなみだが出る。（　　）

□26 ドアにぶつけたところがイタイ。（　　）

□27 大切にしていたお皿がワレル。（　　）

□28 会談が一時間以上もノビル。（　　）

13 除く
14 激しい
15 届ける
16 洗う
17 誤り
18 縮まる
19 裁く
20 閉じる
21 染める
22 供える
23 敬う
24 疑う
25 刻む
26 痛い
27 割れる
28 延びる

読み / 部首と部首名 / 筆順・画数 / 送りがな / 音と訓 / 四字熟語 / 対義語・類義語 / 熟語作り / 熟語の構成 / 同じ読みの漢字 / 書き取り

意味 22［供える＝神仏などに物をささげる］

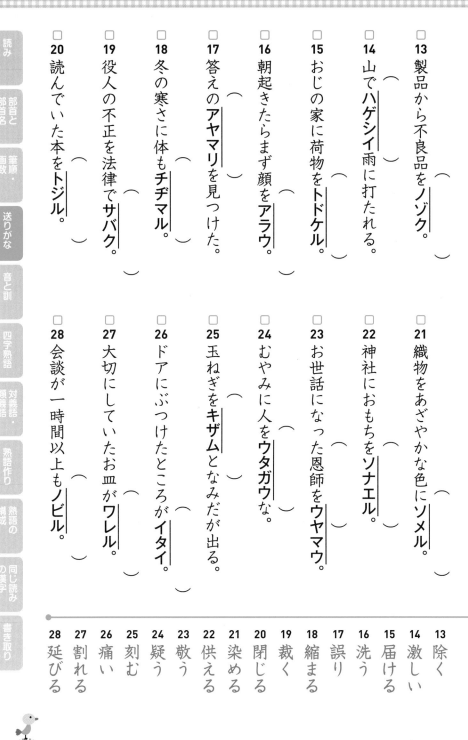

これは はずせない！ A

音と訓 ①

15分で解こう！

20点以上とれれば合格！

得点 ／28

漢字の読みには音と訓があります。次の熟語の読みは□の中のどの組み合わせになっていますか。ア〜エの記号で答えなさい。

ア 音と音　イ 音と訓　ウ 訓と訓　エ 訓と音

□ 1 裏作（　　）
□ 2 官庁（　　）
□ 3 傷口（　　）
□ 4 砂地（　　）
□ 5 若者（　　）
□ 6 区域（　　）
□ 7 派手（　　）
□ 8 探検（　　）
□ 9 筋道（　　）
□ 10 相棒（　　）

解答

1 エ（うら＋サク）
2 ア（カン＋チョウ）
3 ウ（きず＋ぐち）
4 エ（すな＋ジ（チ））
5 ウ（わか＋もの）
6 ア（ク＋イキ）
7 イ（ハ＋で）
8 ア（タン＋ケン）
9 ウ（すじ＋みち）
10 エ（あい＋ボウ）

他例 1［裏地（うら＋ジ）］ 3［生傷（なま＋きず）］

□ 11 巻物（　　）
□ 12 政党（　　）
□ 13 番組（　　）
□ 14 警報（　　）
□ 15 節穴（　　）
□ 16 試合（　　）
□ 17 承知（　　）
□ 18 骨身（　　）
□ 19 株式（　　）

□ 20 幕内（　　）
□ 21 諸国（　　）
□ 22 重箱（　　）
□ 23 批評（　　）
□ 24 職場（　　）
□ 25 片側（　　）
□ 26 温泉（　　）
□ 27 磁石（　　）
□ 28 家賃（　　）

---

11 ウ（まき＋もの）
12 ア（セイ＋トウ）
13 イ（バン＋ぐみ）
14 ア（ケイ＋ホウ）
15 ウ（ふし＋あな）
16 イ（シ＋あい）
17 ア（ショウ＋チ）
18 ウ（ほね＋み）
19 エ（かぶ＋シキ）

20 イ（マク＋うち）
21 ア（ショ＋コク）
22 イ（ジュウ＋ばこ）
23 ア（ヒ＋ヒョウ）
24 イ（ショク＋ば）
25 ウ（かた＋がわ）
26 ア（オン＋セン）
27 ア（ジ＋シャク）
28 エ（や＋チン）

他例 11［巻紙（まき＋がみ）・絵巻（エ＋まき）］ 19［株券（かぶ＋ケン）・株主（かぶ＋ぬし）］

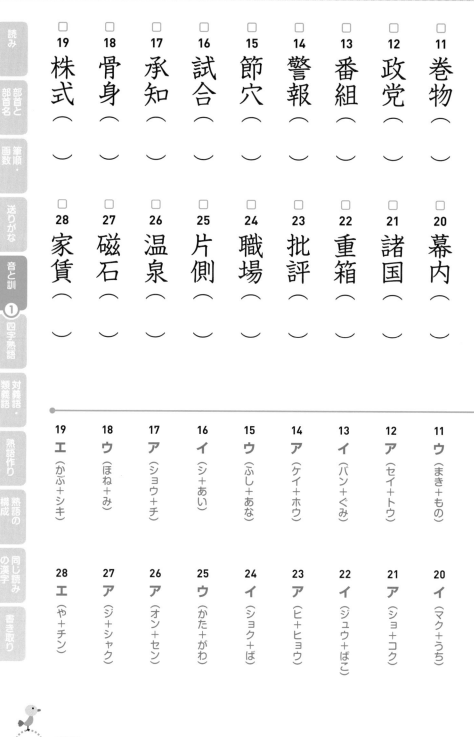

音と訓 ②

15分で解こう！

20点以上とれれば合格！

得点 /28

漢字の読みには音と訓があります。次の熟語の読みは［　］の中のどの組み合わせになっていますか。ア〜エの記号で答えなさい。

［ア 音と音　イ 音と訓　ウ 訓と訓　エ 訓と音］

□ 1 窓口（　）
□ 2 道順（　）
□ 3 砂場（　）
□ 4 遺産（　）
□ 5 若気（　）
□ 6 憲法（　）
□ 7 針箱（　）
□ 8 銭湯（　）
□ 9 沿岸（　）
□ 10 台所（　）

解答

1 ウ（まど＋ぐち）
2 エ（みち＋ジュン）
3 ウ（すな＋ば）
4 ア（イ＋サン）
5 エ（わか＋ゲ）
6 ア（ケン＋ポウ）
7 ウ（はり＋ばこ）
8 ア（セン＋トウ）
9 ア（エン＋ガン）
10 イ（ダイ＋どころ）

他例 1［出窓（で＋まど）］ 4［遺伝（イ＋デン）］

□ 11 縦糸（　　）
□ 12 新型（　　）
□ 13 宝船（　　）
□ 14 宗教（　　）
□ 15 夕刊（　　）
□ 16 看護（　　）
□ 17 内閣（　　）
□ 18 石段（　　）
□ 19 残高（　　）

□ 20 布地（　　）
□ 21 起源（　　）
□ 22 手製（　　）
□ 23 晩飯（　　）
□ 24 貯蔵（　　）
□ 25 生卵（　　）
□ 26 定刻（　　）
□ 27 団子（　　）
□ 28 回覧（　　）

---

11 ウ（たて＋いと）
12 イ（シン＋がた）
13 ウ（たから＋ぶね）
14 ア（シュウ＋キョウ）
15 エ（ゆう＋カン）
16 ア（カン＋ゴ）
17 ア（ナイ＋カク）
18 エ（いし＋ダン）
19 イ（ザン＋だか）

20 エ（ぬの＋ジ）
21 ア（キ＋ゲン）
22 エ（て＋セイ）
23 イ（バン＋めし）
24 ア（チョ＋ゾウ）
25 ウ（なま＋たまご）
26 ア（テイ＋コク）
27 イ（ダン＋ご）
28 ア（カイ＋ラン）

他例　11［操縦（ソウ＋ジュウ）］　13［国宝（コク＋ホウ）・宝庫（ホウ＋コ）］

これは
はずせない！
A

音と訓 ③

15分で
解こう！

20点以上
とれれば
合格！

得点
/28

漢字の読みには音と訓があります。次の熟語の読みは［　］の中のどの組み合わせになっていますか。ア〜エの記号で答えなさい。

［ア 音と音　イ 音と訓　ウ 訓と訓　エ 訓と音］

1 背中（　　）
2 並木（　　）
3 拡張（　　）
4 味方（　　）
5 著者（　　）
6 湯気（　　）
7 役割（　　）
8 鋼鉄（　　）
9 口紅（　　）
10 裁判（　　）

解答

1 ウ（せ＋なか）
2 ウ（なみ＋き）
3 ア（カク＋チョウ）
4 イ（ミ＋かた）
5 ア（チョ＋シャ）
6 エ（ゆ＋ゲ）
7 イ（ヤク＋わり）
8 ア（コウ＋テツ）
9 ウ（くち＋べに）
10 ア（サイ＋バン）

他例 1〔背骨（せ＋ぼね）・背後（ハイ＋ゴ）・背景（ハイ＋ケイ）〕

□ 11 格安（　　）
□ 12 仏様（　　）
□ 13 値段（　　）
□ 14 系統（　　）
□ 15 場所（　　）
□ 16 疑問（　　）
□ 17 通訳（　　）
□ 18 灰皿（　　）
□ 19 胃腸（　　）

□ 20 仕事（　　）
□ 21 蒸発（　　）
□ 22 係員（　　）
□ 23 手帳（　　）
□ 24 同盟（　　）
□ 25 札束（　　）
□ 26 姿見（　　）
□ 27 合奏（　　）
□ 28 黒潮（　　）

---

11 イ（カク＋やす）
12 ウ（ほとけ＋さま）
13 エ（ね＋ダン）
14 ア（ケイ＋トウ）
15 エ（ば＋ショ）
16 ア（ギ＋モン）
17 ア（ツウ＋ヤク）
18 ウ（はい＋ざら）
19 ア（イ＋チョウ）

20 イ（シ＋ごと）
21 ア（ジョウ＋ハツ）
22 エ（かかり＋イン）
23 エ（て＋チョウ）
24 ア（ドウ＋メイ）
25 イ（サツ＋たば）
26 ウ（すがた＋み）
27 ア（ガッ＋ソウ）
28 ウ（くろ＋しお）

他例　17［内訳（うち＋わけ）］　28［潮風（しお＋かぜ）・満潮（マン＋チョウ）］

これは はずせない！ A

四字熟語 ①

15分で解こう!

17点以上とれれば合格!

得点 ／24

次のカタカナを漢字になおし、一字だけ書きなさい。

□ 1 学習意（　）《ヨク》

□ 2 （　）《カブ》式会社

□ 3 基本方（　）《シン》

□ 4 家庭（　）《ホウ》問

□ 5 酸素（　）《キュウ》入

□ 6 （　）《リン》機応変

□ 7 （　）《ショ》名運動

□ 8 平和（　）《セン》言

□ 9 一心不（　）《ラン》

□ 10 高（　）《ソウ》建築

解答

1 学習意欲《がくしゅういよく》 学びたいと思う気持ち。

2 株式会社《かぶしきがいしゃ》 株式を発行して設立された会社。

3 基本方針《きほんほうしん》 物事のよりどころとなる大筋の方向。

4 家庭訪問《かていほうもん》 先生が生徒の自宅をおとずれること。

5 酸素吸入《さんそきゅうにゅう》 治りょうなどのために酸素を吸いこむこと。

6 臨機応変《りんきおうへん》 その場に最も適切に対処すること。

7 署名運動《しょめいうんどう》 意見などに賛同する人の署名を集める運動。

8 平和宣言《へいわせんげん》 戦争のない平和の実現を表明すること。

9 一心不乱《いっしんふらん》 物事に集中していること。

10 高層建築《こうそうけんちく》 非常に高い建築物。

他例 6［臨時国会（りんじこっかい）］ 8［安全宣言（あんぜんせんげん）］

□ 11 永久（　）《ジ》石

□ 12 器楽合（　）《ソウ》

□ 13 複雑（　）《コッ》折

□ 14 （　）《ゾウ》器移植

□ 15 実力発（　）《キ》

□ 16 （　）《ウ》宙旅行

□ 17 予防注（　）《シャ》

□ 18 （　）《エン》岸漁業

□ 19 文化（　）《イ》産

□ 20 （　）《ヨ》金通帳

□ 21 技術（　）《カク》新

□ 22 負（　）《タン》軽減

□ 23 半信半（　）《ギ》

□ 24 大同小（　）《イ》

---

11 永久《えいきゅう》磁石《じしゃく》　多量の磁気を長い間保ち続ける磁石。

12 器楽《きがく》合奏《がっそう》　いくつかの楽器を使って演奏すること。

13 複雑《ふくざつ》骨折《こっせつ》　骨が折れて皮ふの外にとび出ている状態。

14 臓器《ぞうき》移植《いしょく》　臓器を他人の体に移すこと。

15 実力《じつりょく》発揮《はっき》　持っている力を十分に出すこと。

16 宇宙《うちゅう》旅行《りょこう》　宇宙空間を旅行すること。

17 予防《よぼう》注射《ちゅうしゃ》　病気予防のためにワクチンを注射すること。

18 沿岸《えんがん》漁業《ぎょぎょう》　陸地に近い海で行われる漁業。

19 文化《ぶんか》遺産《いさん》　前代から残された業績や文化財。

20 預金《よきん》通帳《つうちょう》　銀行などが預金をした人にわたす帳面。

21 技術《ぎじゅつ》革新《かくしん》　新しい技術を生み出すこと。

22 負担《ふたん》軽減《けいげん》　仕事や義務を減らして軽くすること。

23 半信半疑《はんしんはんぎ》　半ば信じ、半ば疑うこと。

24 大同小異《だいどうしょうい》　たいして差がないこと。

他例　16［宇宙旅行は「宙」が問われることもある］　19［世界遺産（せかいいさん）］

これは
はずせない！ A

四字熟語 ②

15分で
解こう！

17点以上
とれれば
合格！

得点
/24

次のカタカナを漢字になおし、一字だけ書きなさい。

□ 1 （スイ）理小説

□ 2 天然資（ゲン）

□ 3 人口（ミツ）度

□ 4 針小（ボウ）大

□ 5 （キョウ）土芸能

□ 6 私利私（ヨク）

□ 7 （セン）門学校

□ 8 天地（ソウ）造

□ 9 四（シャ）五入

□ 10 （リン）時列車

解答

1 推《すい》理《り》小《しょう》説《せつ》 犯罪事件などを解決していく小説。

2 天《てん》然《ねん》資《し》源《げん》 自然界に存在する有用な資源。

3 人《じん》口《こう》密《みつ》度《ど》 ある地域の面積あたりの人口。

4 針《しん》小《しょう》棒《ぼう》大《だい》 ささいなことを大げさに言うこと。

5 郷《きょう》土《ど》芸《げい》能《のう》 地方の民間に伝わる芸能・ごらく。

6 私《し》利《り》私《し》欲《よく》 自分だけの利益や欲望。

7 専《せん》門《もん》学《がっ》校《こう》 一つのことを専門に学ぶ学校。

8 天《てん》地《ち》創《そう》造《ぞう》 世界をつくりだすこと。

9 四《し》捨《しゃ》五《ご》入《にゅう》 四以下を切り捨て、五以上を切り上げる。

10 臨《りん》時《じ》列《れっ》車《しゃ》 必要に応じて不定期に運行される列車。

他例 4［針小棒大は「針」が問われることもある］

□ 11 生（　）《ゾン》競争

□ 12 （　）《カタ》側通行

□ 13 単（　）《ジュン》明快

□ 14 公（　）《シュウ》道徳

□ 15 世（　）《ロン》調査

□ 16 自己負（　）《タン》

□ 17 宇（　）《チュウ》開発

□ 18 速達（　）《ユウ》便

□ 19 （　）《イ》口同音

□ 20 社会保（　）《ショウ》

□ 21 主（　）《ケン》在民

□ 22 防災対（　）《サク》

□ 23 教育改（　）《カク》

□ 24 安全（　）《ソウ》置

---

11 生《せい》存《ぞん》競《きょう》争《そう》　生物が生き残っていくために起こる争い。

12 片《かた》側《がわ》通《つう》行《こう》　道路の片方の車線だけを通ること。

13 単《たん》純《じゅん》明《めい》快《かい》　簡単で筋が通っていて分かりやすいこと。

14 公《こう》衆《しゅう》道《どう》徳《とく》　人として守るべき行いの規準。

15 世《よろん(せろん)》論調《ちょう》査《さ》　世間の人々の意見を調査すること。

16 自《じ》己《こ》負《ふ》担《たん》　費用や責任を自分で受けもつこと。

17 宇《う》宙《ちゅう》開《かい》発《はつ》　宇宙を有効に利用していくこと。

18 速《そく》達《たつ》郵《ゆう》便《びん》　別料金をとって、通常より早く届ける郵便。

19 異《い》口《く》同《どう》音《おん》　多くの人が同じ意見を言うこと。

20 社《しゃ》会《かい》保《ほ》障《しょう》　国が国民の最低限の生活を守る制度。

21 主《しゅ》権《けん》在《ざい》民《みん》　国の主権が国民にあること。

22 防《ぼう》災《さい》対《たい》策《さく》　災害を防ぐための対策。

23 教《きょう》育《いく》改《かい》革《かく》　教育のありかたを改めること。

24 安《あん》全《ぜん》装《そう》置《ち》　危険を防止するための設備。

他例　18［書留郵便（かきとめゆうびん）］　21［国民主権（こくみんしゅけん）］

次のカタカナを漢字になおし、一字だけ書きなさい。

❈

□ 1 条件反（　）　シャ

□ 2 明（　）快活　ロウ

□ 3 応急（　）置　ショ

□ 4 大器（　）成　バン

□ 5 人（　）尊重　ケン

□ 6 （　）便配達　ユウ

□ 7 絶体絶（　）　メイ

□ 8 無理（　）題　ナン

□ 9 景気対（　）　サク

□ 10 天変地（　）　イ

❈ 解答

1 条件反射
じょうけんはんしゃ
特定のしげきによって起こる反応。

2 明朗快活
めいろうかいかつ
明るく元気があること。

3 応急処置
おうきゅうしょち
けが人や急病人に行う急場の手当て。

4 大器晩成
たいきばんせい
大人物はおくれて成功するということ。

5 人権尊重
じんけんそんちょう
人間としての権利を尊重すること。

6 郵便配達
ゆうびんはいたつ
郵便物をあて先の人に届ける業務。

7 絶体絶命
ぜったいぜつめい
にげられない危険な立場にあること。

8 無理難題
むりなんだい
道理に合わない言いがかり。

9 景気対策
けいきたいさく
経済じょうきょうをよくするための政策。

10 天変地異
てんぺんちい
自然界に起こるさまざまな異変。

他例 5［人権尊重は「尊」が問われることもある］

□ 11 地（イキ）社会

□ 12 国際親（ゼン）

□ 13 器械体（ソウ）

□ 14 非常階（ダン）

□ 15 雨天順（エン）

□ 16 質（ギ）応答

□ 17 自（コ）満足

□ 18 （リン）時休業

□ 19 独立（セン）言

□ 20 公（シ）混同

□ 21 栄養（ホ）給

□ 22 油断大（テキ）

□ 23 永久保（ゾン）

□ 24 学級日（シ）

---

11 地域社会《ちいきしゃかい》　一定の地域に成り立つ生活共同体。

12 国際親善《こくさいしんぜん》　外国の人と友好を深めていくこと。

13 器械体操《きかいたいそう》　鉄棒やとび箱などを用いて行う運動。

14 非常階段《ひじょうかいだん》　災害時などに使うにげるための階段。

15 雨天順延《うてんじゅんえん》　雨の場合に実行を先に延ばすこと。

16 質疑応答《しつぎおうとう》　質問とそれに対する答え。

17 自己満足《じこまんぞく》　自分の行いに自分で満足すること。

18 臨時休業《りんじきゅうぎょう》　決まった休みの日以外に休むこと。

19 独立宣言《どくりつせんげん》　新しい国を建てると表明すること。

20 公私混同《こうしこんどう》　私的なことと公的なことを分けないこと。

21 栄養補給《えいようほきゅう》　体に必要な栄養分を補うこと。

22 油断大敵《ゆだんたいてき》　気のゆるみが失敗につながるということ。

23 永久保存《えいきゅうほぞん》　いつまでも保存しておくこと。

24 学級日誌《がっきゅうにっし》　クラスの中での出来事を書いておく日記。

他例　13［器械体操は「器」が問われることもある］

四字熟語④

15分で
解こう！

17点以上
とれれば
合格！

得点
/24

次のカタカナを漢字になおし、一字だけ書きなさい。

□ 1 賛（ピ）両論
□ 2 （ユウ）先順位
□ 3 （ヨッ）求不満
□ 4 （ウ）宙遊泳
□ 5 月刊雑（シ）
□ 6 政治改（カク）
□ 7 実験（ソウ）置
□ 8 公（シュウ）衛生
□ 9 人気絶（チョウ）
□ 10 （ホ）足説明

解答

1 賛《さん》否《ぴ》両《りょう》論《ろん》　賛成と反対の両方の意見。
2 優《ゆう》先《せん》順《じゅん》位《い》　物事の重要さに応じた順番。
3 欲《よっ》求《きゅう》不《ふ》満《まん》　気持ちが満たされず、不快な状態。
4 宇《う》宙《ちゅう》遊《ゆう》泳《えい》　宇宙空間で活動すること。
5 月《げっ》刊《かん》雑《ざっ》誌《し》　毎月一回出る雑誌。
6 政《せい》治《じ》改《かい》革《かく》　政治をよい方向に改めること。
7 実《じっ》験《けん》装《そう》置《ち》　実験をするための道具や設備。
8 公《こう》衆《しゅう》衛《えい》生《せい》　病気などを防ぎ、健康を守っていくこと。
9 人《にん》気《き》絶《ぜっ》頂《ちょう》　人気が最高の状態であること。
10 補《ほ》足《そく》説《せつ》明《めい》　付け加えて行う説明。

他例　1［賛否両論は「論」が問われることもある］

□ 11 政（トウ）政治

□ 12 問題（ショ）理

□ 13 首（ノウ）会談

□ 14 精（ミツ）機械

□ 15 暴風（ケイ）報

□ 16 （セン）業農家

□ 17 三（ケン）分立

□ 18 （タク）地造成

□ 19 人員点（コ）

□ 20 公平無（シ）

□ 21 価（チ）判断

□ 22 時間（ゲン）守

□ 23 （キ）急存亡

□ 24 （ザ）席指定

---

11 政党政治《せいとうせいじ》 政党が中心になって行う政治。

12 問題処理《もんだいしょり》 問題に始末をつけること。

13 首脳会談《しゅのうかいだん》 主だった人たちが集まり話し合うこと。

14 精密機械《せいみつきかい》 複雑な仕組みで誤差が少ない機械。

15 暴風警報《ぼうふうけいほう》 強風のおそれがあることを知らせるもの。

16 専業農家《せんぎょうのうか》 農業だけから収入を得ている農家。

17 三権分立《さんけんぶんりつ》 司法・立法・行政が独立していること。

18 宅地造成《たくちぞうせい》 住宅地を新しくつくりあげること。

19 人員点呼《じんいんてんこ》 人数分の名前を呼んで確認《かくにん》すること。

20 公平無私《こうへいむし》 公平で感情に左右されないこと。

21 価値判断《かちはんだん》 物事の値打ちをはかること。

22 時間厳守《じかんげんしゅ》 決めた時間を必ず守ること。

23 危急存亡《ききゅうそんぼう》 生きるか死ぬかの重大なせとぎわ。

24 座席指定《ざせきしてい》 すわる席を指定すること。

他例 23［危急存亡は「存」「亡」が問われることもある］

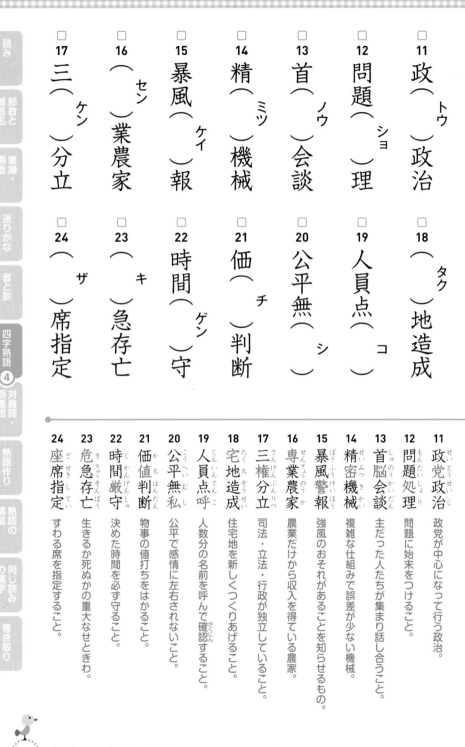

対義語・類義語 ①

20分で解こう！

19点以上とれれば合格！

得点 /26

次の[　]の中のひらがなを漢字になおして、対義語（意味が反対や対《つい》になることば）と、類義語（意味がよくにたことば）を書きなさい。[　]の中のひらがなは一度だけ使い、漢字一字を書きなさい。

対義語

□ 1 拡大―（　）小

□ 2 散在―（　）集

□ 3 通常―（　）時

□ 4 寒冷―温（　）

□ 5 往復―（　）道

類義語

□ 6 有名―（　）名

□ 7 進歩―発（　）

□ 8 自分―自（　）

□ 9 広告―（　）伝

□ 10 反対―（　）議

い　かた　こ　しゅく　せん　だん　ちょ　てん　みっ　りん

解答

1 拡大《かくだい》―縮小《しゅくしょう》

2 散在《さんざい》―密集《みっしゅう》

3 通常《つうじょう》―臨時《りんじ》

4 寒冷《かんれい》―温暖《おんだん》

5 往復《おうふく》―片道《かたみち》

6 有名《ゆうめい》―著名《ちょめい》

7 進歩《しんぽ》―発展《はってん》

8 自分《じぶん》―自己《じこ》

9 広告《こうこく》―宣伝《せんでん》

10 反対《はんたい》―異議《いぎ》

意味 2［散在＝あちこちに散らばっている様子　密集＝すきまなく集まること］

対義語

□ 11 義務—（　）利
□ 12 水平—（　）直
□ 13 誕生—死（　）
□ 14 地味—（　）手
□ 15 実物—（　）型
□ 16 支出—（　）入
□ 17 複雑—単（　）
□ 18 過去—（　）来

類義語

□ 19 真心—（　）意
□ 20 快活—明（　）
□ 21 給料—（　）金
□ 22 加入—加（　）
□ 23 方法—手（　）
□ 24 役者—俳（　）
□ 25 開演—開（　）
□ 26 大切—（　）重

き　けん　しゅう　じゅん　しょう　すい　せい　だん　ちん　は　ぼう　まく　めい　も　ゆう　ろう

---

11 義務《ぎむ》—権利《けんり》
12 水平《すいへい》—垂直《すいちょく》
13 誕生《たんじょう》—死亡《しぼう》
14 地味《じみ》—派手《はで》
15 実物《じつぶつ》—模型《もけい》
16 支出《ししゅつ》—収入《しゅうにゅう》
17 複雑《ふくざつ》—単純《たんじゅん》
18 過去《かこ》—将来《しょうらい》

19 真心《まごころ》—誠意《せいい》
20 快活《かいかつ》—明朗《めいろう》
21 給料《きゅうりょう》—賃金《ちんぎん》
22 加入《かにゅう》—加盟《かめい》
23 方法《ほうほう》—手段《しゅだん》
24 役者《やくしゃ》—俳優《はいゆう》
25 開演《かいえん》—開幕《かいまく》
26 大切《たいせつ》—貴重《きちょう》

意味 19［真心＝いつわりのない本当の気持ち　誠意＝心をこめてまじめに行う気持ち］

これは はずせない！ A

対義語・類義語 ②

20分で解こう！

19点以上とれれば合格！

得点 ／26

次の□の中のひらがなを漢字になおして、対義語（意味が反対や対《つい》になることば）と、類義語（意味がよくにたことば）を書きなさい。□の中のひらがなは一度だけ使い、漢字一字を書きなさい。

対義語

□ 1 制服―（　）服
□ 2 進化―（　）化
□ 3 応答―質（　）
□ 4 安全―（　）険
□ 5 容易―困（　）

類義語

□ 6 助言―（　）告
□ 7 直前―（　）前
□ 8 始末―（　）理
□ 9 地区―地（　）
□ 10 他界―死（　）

いき　き　ぎ　し　しょ　すん　たい　ちゅう　なん　ぼう

解答

1 制服《せいふく》―私服《しふく》
2 進化《しんか》―退化《たいか》
3 応答《おうとう》―質疑《しつぎ》
4 安全《あんぜん》―危険《きけん》
5 容易《ようい》―困難《こんなん》
6 助言《じょげん》―忠告《ちゅうこく》
7 直前《ちょくぜん》―寸前《すんぜん》
8 始末《しまつ》―処理《しょり》
9 地区《ちく》―地域《ちいき》
10 他界《たかい》―死亡《しぼう》

意味　6［助言＝そばから言葉をそえて助けること　忠告＝真心を持って相手をいましめること］

対義語

□ 11 横断—(　)断

□ 12 保守—(　)新

□ 13 発散—(　)収

□ 14 外出—帰(　)

□ 15 複雑—(　)単

□ 16 可決—(　)決

□ 17 表門—(　)門

□ 18 短縮—(　)長

類義語

□ 19 後方—(　)後

□ 20 価格—(　)段

□ 21 感動—感(　)

□ 22 重視—(　)重

□ 23 討議—討(　)

□ 24 貯金—(　)金

□ 25 同意—(　)成

□ 26 任務—役(　)

うら　えん　かん　かく　きゅう　げき　さん　じゅう　そん　たく　ね　はい　ひ　よ　ろん　わり

---

11 横断《おうだん》—縦断《じゅうだん》

12 保守《ほしゅ》—革新《かくしん》

13 発散《はっさん》—吸収《きゅうしゅう》

14 外出《がいしゅつ》—帰宅《きたく》

15 複雑《ふくざつ》—簡単《かんたん》

16 可決《かけつ》—否決《ひけつ》

17 表門《おもてもん》—裏門《うらもん》

18 短縮《たんしゅく》—延長《えんちょう》

19 後方《こうほう》—背後《はいご》

20 価格《かかく》—値段《ねだん》

21 感動《かんどう》—感激《かんげき》

22 重視《じゅうし》—尊重《そんちょう》

23 討議《とうぎ》—討論《とうろん》

24 貯金《ちょきん》—預金《よきん》

25 同意《どうい》—賛成《さんせい》

26 任務《にんむ》—役割《やくわり》

意味 12 [保守＝これまでの伝統を尊重すること　革新＝古い考えを新しくすること]

これは はずせない！ A

対義語・類義語 ③

20分で解こう！

19点以上とれれば合格！

得点 /26

次の[　]の中のひらがなを漢字になおして、対義語（意味が反対や対《つい》になることば）と、類義語（意味がよくにたことば）を書きなさい。[　]の中のひらがなは一度だけ使い、漢字一字を書きなさい。

対義語

□ 1 快楽―苦（　）

□ 2 公開―（　）密

□ 3 借用―返（　）

□ 4 目的―手（　）

□ 5 整理―散（　）

類義語

□ 6 理解―（　）知

□ 7 出生―（　）生

□ 8 指図―指（　）

□ 9 家屋―住（　）

□ 10 感心―（　）服

き　けい　さい　しょう　たく　たん　だん　つう　ひ　らん

解答

1 快楽《かいらく》―苦痛《くつう》

2 公開《こうかい》―秘密《ひみつ》

3 借用《しゃくよう》―返済《へんさい》

4 目的《もくてき》―手段《しゅだん》

5 整理《せいり》―散乱《さんらん》

6 理解《りかい》―承知《しょうち》

7 出生《しゅっしょう（しゅっせい）》―誕生《たんじょう》

8 指図《さしず》―指揮《しき》

9 家屋《かおく》―住宅《じゅうたく》

10 感心《かんしん》―敬服《けいふく》

他例　8［指図―指示（しじ）］　9［家屋―住居（じゅうきょ）］

対義語

□ 11 河口―水（　）
□ 12 安易―（　）難
□ 13 延長―短（　）
□ 14 正常―（　）常
□ 15 開幕―（　）幕
□ 16 悪意―（　）意
□ 17 冷静―興（　）
□ 18 尊重―無（　）

類義語

□ 19 苦言―（　）告
□ 20 努力―（　）勉
□ 21 保管―保（　）
□ 22 方法―方（　）
□ 23 出版―（　）行
□ 24 所得―（　）入
□ 25 死者―（　）人
□ 26 向上―発（　）

い　かん　きん　げん　こ　こん　さく　し　しゅう　しゅく　ぜん　ぞん　ちゅう　てん　ふん　へい

---

11 河口《かこう》―水源《すいげん》
12 安易《あんい》―困難《こんなん》
13 延長《えんちょう》―短縮《たんしゅく》
14 正常《せいじょう》―異常《いじょう》
15 開幕《かいまく》―閉幕《へいまく》
16 悪意《あくい》―善意《ぜんい》
17 冷静《れいせい》―興奮《こうふん》
18 尊重《そんちょう》―無視《むし》

19 苦言《くげん》―忠告《ちゅうこく》
20 努力《どりょく》―勤勉《きんべん》
21 保管《ほかん》―保存《ほぞん》
22 方法《ほうほう》―方策《ほうさく》
23 出版《しゅっぱん》―刊行《かんこう》
24 所得《しょとく》―収入《しゅうにゅう》
25 死者《ししゃ》―故人《こじん》
26 向上《こうじょう》―発展《はってん》

意味　11［河口＝川が海に流れこむ所　水源＝川の流れ出すもと］

熟語作り①

15分で解こう!

16点以上とれれば合格!

得点 /22

後の□の中から漢字を選んで、次の意味にあてはまる熟語を作りなさい。答えは記号で書きなさい。

□ 1 まじめで心のこもっていること。（・）
□ 2 大きく広げること。（・）
□ 3 そうではないと打ち消すこと。（・）
□ 4 団体になかま入りすること。（・）
□ 5 短くてよくまとまっていること。（・）

ア 加　イ 風　ウ 実　エ 定　オ 盟　カ 簡
キ 潮　ク 張　ケ 否　コ 潔　サ 拡　シ 誠

□ 6 心が高ぶること。（・）
□ 7 生活や行いのもとになるきまり。（・）
□ 8 全体をわけあって受けもつこと。（・）
□ 9 ほしいとねがう気持ち。（・）
□ 10 物をたくわえておくこと。（・）

ア 規　イ 分　ウ 望　エ 律　オ 障　カ 興
キ 貯　ク 欲　ケ 担　コ 害　サ 奮　シ 蔵

解答

1 シ・ウ（誠実《せいじつ》）
2 サ・ク（拡張《かくちょう》）
3 ケ・エ（否定《ひてい》）
4 ア・オ（加盟《かめい》）
5 カ・コ（簡潔《かんけつ》）
6 カ・サ（興奮《こうふん》）
7 ア・エ（規律《きりつ》）
8 イ・ケ（分担《ぶんたん》）
9 ク・ウ（欲望《よくぼう》）
10 キ・シ（貯蔵《ちょぞう》）

意味 7［規律　規＝決まり。規則　律＝おきて］

□11 とても大切なこと。（ ・ ）

□12 役目につくこと。（ ・ ）

□13 ものごとに動じない心。（ ・ ）

□14 人目をひくほどはなやかなこと。（ ・ ）

□15 見わたすことができるはんい。（ ・ ）

□16 ものごとのねうちやあたい。（ ・ ）

ア重　イ価　ウ手　エ読　オ貴　カ就
キ界　ク値　ケ閉　コ派　サ口　シ胸
ス任　セ書　ソ視　タ度

□17 しまつをつけること。（ ・ ）

□18 新しいものをつくりだすこと。（ ・ ）

□19 うれしい知らせ。（ ・ ）

□20 ずたずたにたち切ること。（ ・ ）

□21 前もって注意すること。（ ・ ）

□22 ほかの人には知らせないこと。（ ・ ）

ア寸　イ密　ウ連　エ創　オ処　カ断
キ秘　ク朗　ケ理　コ告　サ報　シ運
ス呼　セ造　ソ警　タ賃

11 オ・ア（貴重《きちょう》）
12 カ・ス（就任《しゅうにん》）
13 タ・シ（度胸《どきょう》）
14 コ・ウ（派手《はで》）
15 ソ・キ（視界《しかい》）
16 イ・ク（価値《かち》）
17 オ・ケ（処理《しょり》）
18 エ・セ（創造《そうぞう》）
19 ク・サ（朗報《ろうほう》）
20 ア・カ（寸断《すんだん》）
21 ソ・コ（警告《けいこく》）
22 キ・イ（秘密《ひみつ》）

意味　19［朗報　朗＝明るいこと　報＝知らせ］

熟語作り②

15分で解こう！

16点以上とれれば合格！

得点 ／22

後の□の中から漢字を選んで、次の意味にあてはまる熟語を作りなさい。答えは記号で書きなさい。

□1 仕事や責任を引き受けること。（ ・ ）

□2 十分に調べてよく考えること。（ ・ ）

□3 まじめにつとめるようす。（ ・ ）

□4 病人やけが人の世話をすること。（ ・ ）

□5 名がよく知られていること。（ ・ ）

ア 看　イ 負　ウ 検　エ 担　オ 忠　カ 読
キ 討　ク 実　ケ 護　コ 名　サ 書　シ 著

□6 機械をあやつって動かすこと。（ ・ ）

□7 たいへんいそぐこと。（ ・ ）

□8 ほんのすこしまえ。（ ・ ）

□9 一つのことに集中すること。（ ・ ）

□10 さしずして人を動かすこと。（ ・ ）

ア 作　イ 指　ウ 至　エ 動　オ 前　カ 揮
キ 専　ク 急　ケ 律　コ 念　サ 操　シ 寸

解答

1 イ・エ（負担《ふたん》）
2 ウ・キ（検討《けんとう》）
3 オ・ク（忠実《ちゅうじつ》）
4 ア・ケ（看護《かんご》）
5 シ・コ（著名《ちょめい》）
6 サ・ア（操作《そうさ》）
7 ウ・ク（至急《しきゅう》）
8 シ・オ（寸前《すんぜん》）
9 キ・コ（専念《せんねん》）
10 イ・カ（指揮《しき》）

意味 3［忠実　忠＝真心をつくす　実＝いつわりのないこと］

□ **11** 気持ちや考えがきれいなこと。（　・　）

□ **12** ものをつくるもとになるもの。（　・　）

□ **13** 物事のしくみやつくりの大きさ。（　・　）

□ **14** 国のおおもとになるきまり。（　・　）

□ **15** よい方向にあらためること。（　・　）

□ **16** 一生のおわりに近いころ。（　・　）

ア 資　**イ** 素　**ウ** 革　**エ** 純　**オ** 天　**カ** 規
キ 源　**ク** 年　**ケ** 様　**コ** 憲　**サ** 真　**シ** 晴
ス 改　**セ** 晩　**ソ** 模　**タ** 法

□ **17** 不十分なところをおぎなうこと。（　・　）

□ **18** よその家をおとずれること。（　・　）

□ **19** 注意をよびかける知らせ。（　・　）

□ **20** おしはかって決めること。（　・　）

□ **21** 大事にしまっておくこと。（　・　）

□ **22** 今から先のこと。（　・　）

ア 在　**イ** 足　**ウ** 蔵　**エ** 問　**オ** 警　**カ** 行
キ 現　**ク** 推　**ケ** 補　**コ** 旅　**サ** 将　**シ** 定
ス 秘　**セ** 来　**ソ** 訪　**タ** 報

---

11 エ・サ（純真《じゅんしん》）
12 ア・キ（資源《しげん》）
13 カ・ソ（規模《きぼ》）
14 コ・タ（憲法《けんぽう》）
15 ス・ウ（改革《かいかく》）
16 セ・ク（晩年《ばんねん》）
17 ケ・イ（補足《ほそく》）
18 ソ・エ（訪問《ほうもん》）
19 オ・タ（警報《けいほう》）
20 ク・シ（推定《すいてい》）
21 ス・ウ（秘蔵《ひぞう》）
22 サ・セ（将来《しょうらい》）

他例 20［類義語に「推測（すいそく）＝おしはかること」がある］

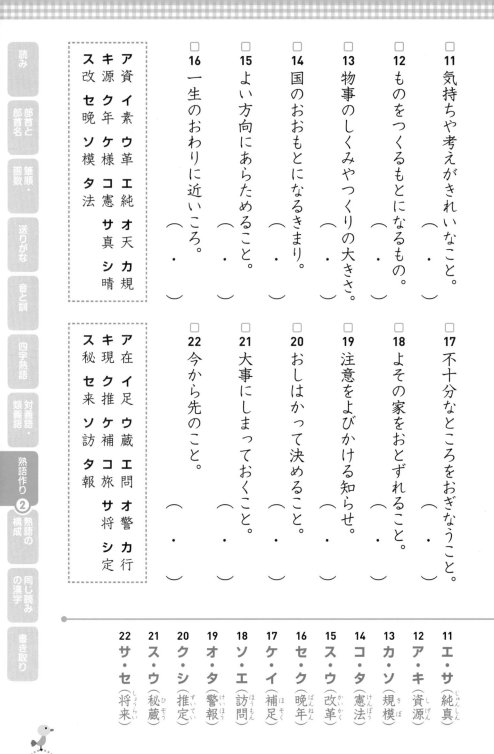

熟語作り③

15分で解こう！

16点以上とれれば合格！

得点 ／22

後の□の中から漢字を選んで、次の意味にあてはまる熟語を作りなさい。答えは記号で書きなさい。

□ 1 能力などを十分に表すこと。（・）

□ 2 特定の人だけがつかうこと。（・）

□ 3 考えを出しあって話し合うこと。（・）

□ 4 ものを並べて人々に見せること。（・）

□ 5 とうとんで大切にあつかうこと。（・）

ア 示　イ 発　ウ 道　エ 討　オ 重　カ 専
キ 展　ク 徳　ケ 揮　コ 論　サ 用　シ 尊

□ 6 人のためにさしだすこと。（・）

□ 7 不明なことやうたがわしいこと。（・）

□ 8 神社や寺院で神仏をおがむこと。（・）

□ 9 取りのぞくこと。（・）

□ 10 新しいものをつくりだすこと。（・）

ア 拝　イ 不　ウ 作　エ 問　オ 除　カ 動
キ 去　ク 供　ケ 創　コ 提　サ 参　シ 疑

解答

1 イ・ケ（発揮《はっき》）
2 カ・サ（専用《せんよう》）
3 エ・コ（討論《とうろん》）
4 キ・ア（展示《てんじ》）
5 シ・オ（尊重《そんちょう》）
6 コ・ク（提供《ていきょう》）
7 シ・エ（疑問《ぎもん》）
8 サ・ア（参拝《さんぱい》）
9 オ・キ（除去《じょきょ》）
10 ケ・ウ（創作《そうさく》）

意味 8［参拝　参＝神仏などにおまいりする　拝＝おがむ］

□ **11** じゅんにまわして見ること。（・）

□ **12** 心をこめて対処する気持ち。（・）

□ **13** 物事の善悪などに意見を言うこと。（・）

□ **14** 気持ちや事情をおしはかること。（・）

□ **15** ものごとのやりかた。（・）

□ **16** 足りないところをおぎなうこと。（・）

ア 誠	**イ** 手	**ウ** 沿	**エ** 美	**オ** 覧	**カ** 評
キ 道	**ク** 補	**ケ** 段	**コ** 察	**サ** 術	**シ** 助
ス 批	**セ** 回	**ソ** 推	**タ** 意		

□ **17** 計り知れない不思議なこと。（・）

□ **18** まちがった知らせ。（・）

□ **19** けがをすること。（・）

□ **20** かりたお金やものをかえすこと。（・）

□ **21** 先人がのこした業績やざいさん。（・）

□ **22** 生まれそだった土地。（・）

ア 方	**イ** 誤	**ウ** 遺	**エ** 負	**オ** 地	**カ** 郷
キ 神	**ク** 産	**ケ** 生	**コ** 返	**サ** 報	**シ** 衛
ス 秘	**セ** 里	**ソ** 傷	**タ** 済		

---

11 セ・オ（回覧《かいらん》）
12 ア・タ（誠意《せいい》）
13 ス・カ（批評《ひひょう》）
14 ソ・コ（推察《すいさつ》）
15 イ・ケ（手段《しゅだん》）
16 ク・シ（補助《ほじょ》）
17 キ・ス（神秘《しんぴ》）
18 イ・サ（誤報《ごほう》）
19 エ・ソ（負傷《ふしょう》）
20 コ・タ（返済《へんさい》）
21 ウ・ク（遺産《いさん》）
22 カ・セ（郷里《きょうり》）

意味 14［推察　推＝おしはかる　察＝くわしく調べる。おしはかる］

これは はずせない！ A

熟語の構成①

15分で解こう！

17点以上とれれば合格！

得点 ／24

◎漢字を二字組み合わせた熟語では、二つの漢字の間に意味の上で、次のような関係があります。

ア 反対や対《つい》になる意味の字を組み合わせたもの……………（軽重 - 「軽い」↕「重い」と考える）
イ 同じような意味の字を組み合わせたもの……………（身体 - どちらも「からだ」の意味）
ウ 上の字が下の字の意味を説明（修飾《しゅうしょく》）しているもの……………（会員 - 「会の↓一員」と考える）
エ 下の字から上の字へ返って読むと意味がよくわかるもの……………（着火 - 「つける↑火を」と考える）
オ 上の字が下の字の意味を打ち消しているもの……………（非番 - 「当番ではない」と考える）

✤次の熟語は右のどれにあたるか、記号で答えなさい。

□1 取捨（　　）
□2 未納（　　）
□3 縦横（　　）
□4 勤務（　　）

✤解答

1 ア 取捨《しゅしゃ》 「取る」↕「捨てる」
2 オ 未納《みのう》 「まだ納めていない」
3 ア 縦横《じゅうおう》 「たて」↕「よこ」
4 イ 勤務《きんむ》 どちらも「つとめる」

意味 1［取捨＝必要なものを取り、不要なものを捨てること］

□ 5 未熟（　　）
□ 6 干満（　　）
□ 7 乗降（　　）
□ 8 映写（　　）
□ 9 若者（　　）
□ 10 除去（　　）
□ 11 困苦（　　）
□ 12 不孝（　　）
□ 13 観劇（　　）
□ 14 不純（　　）

□ 15 開閉（　　）
□ 16 洗顔（　　）
□ 17 尊敬（　　）
□ 18 養蚕（　　）
□ 19 特権（　　）
□ 20 延期（　　）
□ 21 胸囲（　　）
□ 22 異国（　　）
□ 23 幼児（　　）
□ 24 登頂（　　）

---

5 **オ** 未熟《みじゅく》「まだ熟していない」

6 **ア** 干満《かんまん》「ひあがる」↕「満ちる」

7 **ア** 乗降《じょうこう》「乗る」↕「降りる」

8 **イ** 映写《えいしゃ》どちらも「うつす」

9 **ウ** 若者《わかもの》「若い↓者」

10 **イ** 除去《じょきょ》どちらも「とりのぞく」

11 **イ** 困苦《こんく》どちらも「こまる」

12 **オ** 不孝《ふこう》「親孝行でない」

13 **エ** 観劇《かんげき》「みる↑劇を」

14 **オ** 不純《ふじゅん》「純すいでない」

15 **ア** 開閉《かいへい》「開く」↕「閉じる」

16 **エ** 洗顔《せんがん》「洗う↑顔を」

17 **イ** 尊敬《そんけい》どちらも「うやまう」

18 **エ** 養蚕《ようさん》「養う↑蚕を」

19 **ウ** 特権《とっけん》「特別な↓権利」

20 **エ** 延期《えんき》「延ばす↑期日を」

21 **ウ** 胸囲《きょうい》「胸の↓まわり」

22 **ウ** 異国《いこく》「異なる↓国」

23 **ウ** 幼児《ようじ》「幼い↓こども」

24 **エ** 登頂《とうちょう》「登る↑頂に」

意味 6［干満＝潮の満ちひき。干潮と満潮］ 18［養蚕＝蚕（かいこ）を飼ってまゆをとること］

これは はずせない！ A

熟語の構成 ②

15分で解こう！

17点以上とれれば合格！

得点 /24

◎漢字を二字組み合わせた熟語では、二つの漢字の間に意味の上で、次のような関係があります。

ア 反対や対《つい》になる意味の字を組み合わせたもの……（軽重－「軽い」↕「重い」と考える）
イ 同じような意味の字を組み合わせたもの……（身体－どちらも「からだ」の意味）
ウ 上の字が下の字の意味を説明（修飾《しゅうしょく》）しているもの……（会員－「会の↓一員」と考える）
エ 下の字から上の字へ返って読むと意味がよくわかるもの……（着火－「つける↑火を」と考える）
オ 上の字が下の字の意味を打ち消しているもの……（非番－「当番ではない」と考える）

✤次の熟語は右のどれにあたるか、記号で答えなさい。

□ 1 難易（　）
□ 2 存在（　）
□ 3 寒暖（　）
□ 4 自己（　）

✤解答

1 ア 難易《なんい》 「難しい」↕「易しい」
2 イ 存在《そんざい》 どちらも「ある」
3 ア 寒暖《かんだん》 「寒い」↕「暖かい」
4 イ 自己《じこ》 どちらも「自分」

□ 5 車窓（　　）
□ 6 牛乳（　　）
□ 7 未刊（　　）
□ 8 紅白（　　）
□ 9 善良（　　）
□ 10 未満（　　）
□ 11 負傷（　　）
□ 12 不備（　　）
□ 13 山頂（　　）
□ 14 洗面（　　）

□ 15 絹糸（　　）
□ 16 納税（　　）
□ 17 除草（　　）
□ 18 国宝（　　）
□ 19 不評（　　）
□ 20 閉店（　　）
□ 21 敬老（　　）
□ 22 未定（　　）
□ 23 植樹（　　）
□ 24 金銭（　　）

---

5 **ウ** 車窓《しゃそう》 「車の↓窓」

6 **ウ** 牛乳《ぎゅうにゅう》 「牛の↓乳」

7 **オ** 未刊《みかん》 「まだ刊行しない」

8 **ア** 紅白《こうはく》 「赤」↕「白」

9 **イ** 善良《ぜんりょう》 どちらも「よい」

10 **オ** 未満《みまん》 「まだ満たない」

11 **エ** 負傷《ふしょう》 「負う↑傷を」

12 **オ** 不備《ふび》 「備えがない」

13 **ウ** 山頂《さんちょう》 「山の↓頂」

14 **エ** 洗面《せんめん》 「洗う↑顔を」

15 **ウ** 絹糸《きぬいと》 「絹の↓糸」

16 **エ** 納税《のうぜい》 「納める↑税金を」

17 **エ** 除草《じょそう》 「除く↑草を」

18 **ウ** 国宝《こくほう》 「国の↓宝物」

19 **オ** 不評《ふひょう》 「評判がよくない」

20 **エ** 閉店《へいてん》 「閉める↑店を」

21 **エ** 敬老《けいろう》 「敬う↑老人を」

22 **オ** 未定《みてい》 「まだ定まらない」

23 **エ** 植樹《しょくじゅ》 「植える↑樹木を」

24 **イ** 金銭《きんせん》 どちらも「お金」

意味 9［善良＝人の性質がよいこと。正直ですなおなこと］

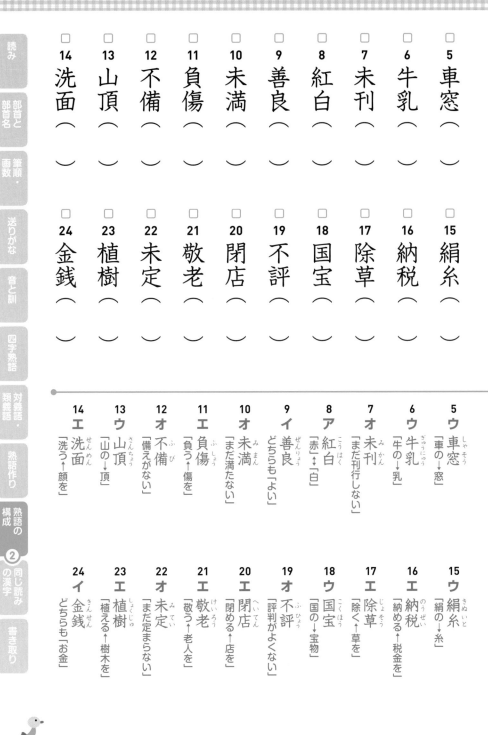

これは はずせない！ A

熟語の構成 ③

15分で解こう！

17点以上とれれば合格！

得点 /24

◎ 漢字を二字組み合わせた熟語では、二つの漢字の間に意味の上で、次のような関係があります。

ア 反対や対《つい》になる意味の字を組み合わせたもの……（軽重 - 「軽い」↕「重い」と考える）
イ 同じような意味の字を組み合わせたもの……（身体 - どちらも「からだ」の意味）
ウ 上の字が下の字の意味を説明（修飾《しゅうしょく》）しているもの……（会員 - 「会の↓一員」と考える）
エ 下の字から上の字へ返って読むと意味がよくわかるもの……（着火 - 「つける↑火を」と考える）
オ 上の字が下の字の意味を打ち消しているもの……（非番 - 「当番ではない」と考える）

✿ 次の熟語は右のどれにあたるか、記号で答えなさい。

□ 1 非常（　　）
□ 2 公私（　　）
□ 3 収納（　　）
□ 4 未完（　　）

✿ 解答

1 オ 非常《ひじょう》「常ではない」
2 ア 公私《こうし》「おおやけ」↕「わたくし」
3 イ 収納《しゅうのう》 どちらも「おさめる」
4 オ 未完《みかん》「まだ完成でない」

意味 3［収納＝中に入れてしまっておくこと］

□ 5 就職（　　）
□ 6 未知（　　）
□ 7 立腹（　　）
□ 8 閉館（　　）
□ 9 不幸（　　）
□ 10 無難（　　）
□ 11 恩人（　　）
□ 12 洗車（　　）
□ 13 敬意（　　）
□ 14 不要（　　）

□ 15 翌週（　　）
□ 16 豊富（　　）
□ 17 軽傷（　　）
□ 18 不在（　　）
□ 19 正誤（　　）
□ 20 帰宅（　　）
□ 21 樹木（　　）
□ 22 善悪（　　）
□ 23 温暖（　　）
□ 24 順延（　　）

---

5 エ 就《しゅう》職《しょく》「つく←職に」
6 オ 未《み》知《ち》「まだ知らない」
7 エ 立《りっ》腹《ぷく》「立てる←腹を」
8 エ 閉《へい》館《かん》「閉める←館を」
9 オ 不《ふ》幸《こう》「幸せでない」
10 オ 無《ぶ》難《なん》「困難がない」
11 ウ 恩《おん》人《じん》「恩のある→人」
12 エ 洗《せん》車《しゃ》「洗う←車を」
13 ウ 敬《けい》意《い》「敬う→こころ」
14 オ 不《ふ》要《よう》「必要でない」

15 ウ 翌《よく》週《しゅう》「次の→週」
16 イ 豊《ほう》富《ふ》どちらも「たくさん」
17 ウ 軽《けい》傷《しょう》「軽い→傷」
18 オ 不《ふ》在《ざい》「存在しない」
19 ア 正《せい》誤《ご》「正しい」↕「誤り」
20 エ 帰《き》宅《たく》「帰る←自宅に」
21 イ 樹《じゅ》木《もく》どちらも「木」
22 ア 善《ぜん》悪《あく》「善い」↕「悪い」
23 イ 温《おん》暖《だん》どちらも「あたたかい」
24 ウ 順《じゅん》延《えん》「順に→延ばす」

意味 7［立腹＝腹を立てること。おこること］

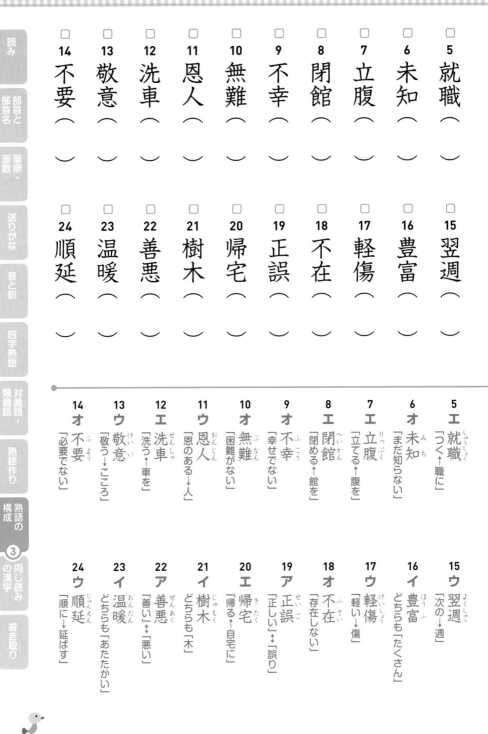

同じ読みの漢字 ①

20分で解こう！

20点以上とれれば合格！

得点　／28

次の——線のカタカナを漢字になおしなさい。

□ 1 テストの結果を**ジコ**採点する。（　　）

□ 2 そばの道路で**ジコ**が起こった。（　　）

□ 3 神だなにお**ソナ**え物をする。（　　）

□ 4 万が一の場合に**ソナ**える。（　　）

□ 5 オーケストラで**シキ**者を務める。（　　）

□ 6 **シキ**折折の風情《ふぜい》を楽しむ。（　　）

□ 7 飛行中に急**コウカ**しておどろく。（　　）

□ 8 ここの宝石はどれも**コウカ**だ。（　　）

□ 9 商品のお代を**ゲンキン**ではらう。（　　）

□ 10 未成年者の飲酒は**ゲンキン**だ。（　　）

□ 11 **トウブン**の多い食品をさける。（　　）

□ 12 ケーキを六**トウブン**する。（　　）

解答

1 自己　2 事故

3 供　4 備

5 指揮　6 四季

7 降下　8 高価

9 現金　10 厳禁

11 糖分　12 等分

意味　6［四季＝春・夏・秋・冬、四つの季節］

他例　7［コウカ＝効果・校歌］

□13 支持**セイトウ**（　　）が勝利した。

□14 **セイトウ**（　　）な理由もなく欠席した。

□15 災害で多数の人が**シボウ**（　　）した。

□16 **シボウ**（　　）校に合格できて喜んだ。

□17 **キチョウ**（　　）な動植物を保護する。

□18 ヘリコプターの**キチョウ**（　　）に会う。

□19 ごみの収集を**ユウリョウ**（　　）化する。

□20 **ユウリョウ**（　　）な品種を開発する。

□21 海の**シオ**（　　）の流れが変わった。

□22 サンマの**シオ**（　　）焼きを食べる。

□23 情勢の変化を**チュウシ**（　　）する。

□24 雨で遠足が**チュウシ**（　　）になった。

□25 うれしい知らせに**カンゲキ**（　　）した。

□26 オペラの**カンゲキ**（　　）にさそわれる。

□27 ロシア語を日本語に**ヤク**（　　）す。

□28 入場者は**ヤク**（　　）二十万人だ。

13	14	15	16	17	18	19	20	21	22	23	24	25	26	27	28
政党	正当	死亡	志望	貴重	機長	有料	優良	潮	塩	注視	中止	感激	観劇	訳	約

他例 13［セイトウ＝正答］　意味 23［注視＝じっと見つめること］

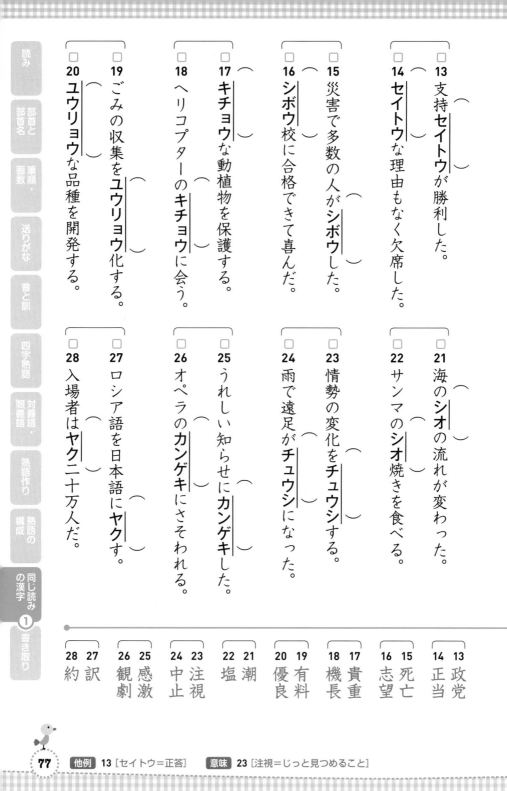

これは はずせない！ A

同じ読みの漢字 ②

20分で解こう！

20点以上とれれば合格！

得点 /28

次の——線のカタカナを漢字になおしなさい。

1 その地域のカンシュウに従う。（　　）

2 大カンシュウの前で試合をする。（　　）

3 ここは遊泳キンシ区域だ。（　　）

4 キンシなので遠くが見えない。（　　）

5 国体のセイカリレーが通った。（　　）

6 私のセイカは農業を営んでいる。（　　）

7 幸い大ごとにならずにスんだ。（　　）

8 空気がきれいな農村地帯にスむ。（　　）

9 ドラマがついにカンケツした。（　　）

10 文章をカンケツに要約する。（　　）

11 出張の経費をシキュウする。（　　）

12 シキュウ電話をしてほしい。（　　）

解答

1 慣習　2 観衆　3 禁止　4 近視　5 聖火　6 生家　7 済　8 住　9 完結　10 簡潔　11 支給　12 至急

意味 1［慣習＝世の中のならわし。しきたり］　他例 5［セイカ＝青果］

□ 13 首脳**カイダン**が行われた。（　　）

□ 14 **カイダン**を上がると出口がある。（　　）

□ 15 テレビの**ウツ**りが悪くなった。（　　）

□ 16 工場が東京に**ウツ**った。（　　）

□ 17 **キョウド**の文化を大切にする。（　　）

□ 18 建物の**キョウド**を測る。（　　）

□ 19 文学作品の**コウソウ**を練る。（　　）

□ 20 この辺りは**コウソウ**建築が多い。（　　）

□ 21 ロケットが**ハッシャ**された。（　　）

□ 22 新幹線の**ハッシャ**時刻を確認《かくにん》する。（　　）

□ 23 **ナイゾウ**のしぼうが気になる。（　　）

□ 24 新機能が**ナイゾウ**されたカード。（　　）

□ 25 **テンジ**品には手をふれない。（　　）

□ 26 文章を**テンジ**に直す。（　　）

□ 27 **ジシン**のN極は北を指す。（　　）

□ 28 **ジシン**満々で勝負にいどむ。（　　）

13	14	15	16	17	18	19	20	21	22	23	24	25	26	27	28
会談	階段	映	移	郷土	強度	構想	高層	発射	発車	内臓	内蔵	展示	点字	磁針	自信

他例 15［ウツル＝写る］　**意味** 27［磁針＝方位を知るために用いる小型の磁石］

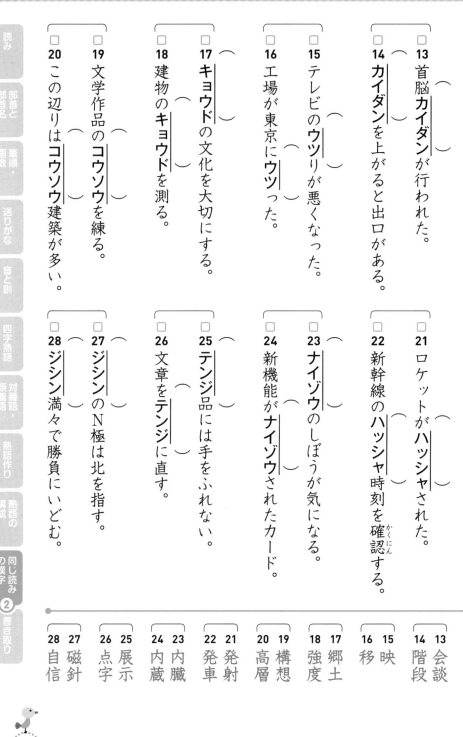

これは はずせない！ A

同じ読みの漢字 ③

20分で解こう！

20点以上とれれば合格！

得点 /28

次の――線のカタカナを漢字になおしなさい。

1 店内を明るく**カイソウ**する。（　　）

2 選手がコースを**カイソウ**する。（　　）

3 電気代が**ネ**上がりした。（　　）

4 植物が地面に**ネ**を張る。（　　）

5 **キンゾク**アレルギーになやむ。（　　）

6 今年で**キンゾク**三十年になる。（　　）

7 画家が**タイサク**を仕上げた。（　　）

8 早く**タイサク**を考えるべきだ。（　　）

9 電話で**ケイカン**がかけつける。（　　）

10 ごみが町の**ケイカン**をこわす。（　　）

11 発車予定**ジコク**を表示する。（　　）

12 **ジコク**の政治家が海外に出向く。（　　）

解答

1 改装　2 快走　3 値　4 根　5 金属　6 勤続　7 大作　8 対策　9 警官　10 景観　11 時刻　12 自国

意味　7［大作＝すぐれた作品。大規模な作品］　10［景観＝けしき］

□ 13 ギャラリーでコテンが始まる。（　　）
□ 14 日本のコテン文学を読む。（　　）
□ 15 ソウゾウ上の動物をえがく。（　　）
□ 16 神が天地をソウゾウする。（　　）
□ 17 紅白歌合戦のシカイを任された。（　　）
□ 18 物体にシカイをさえぎられた。（　　）
□ 19 ハラっぱでねころぶ。（　　）
□ 20 ハラの具合が今ひとつだ。（　　）

□ 21 交通安全運動をスイシンする。（　　）
□ 22 スイシンが三メートルのプール。（　　）
□ 23 夏期コウシュウを受ける。（　　）
□ 24 コウシュウ電話をさがす。（　　）
□ 25 最近イチョウの調子が悪い。（　　）
□ 26 イチョウから病気の説明を聞く。（　　）
□ 27 バターやチーズはカコウ食品だ。（　　）
□ 28 魚がカコウをさかのぼっていく。（　　）

13 個展　14 古典　15 想像　16 創造　17 司会　18 視界　19 原　20 腹　21 推進　22 水深　23 講習　24 公衆　25 胃腸　26 医長　27 加工　28 河口

意味　13［個展＝一人の作品を並べた展覧会］　24［公衆＝社会いっぱんの人びと］

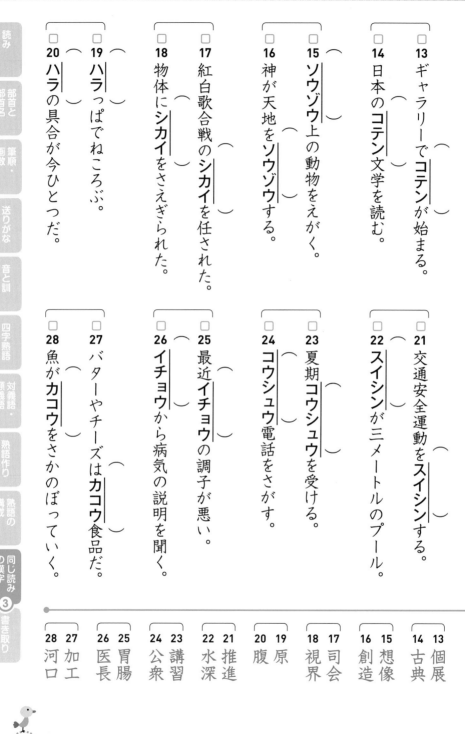

これは はずせない！ A

書き取り①

20分で解こう！

20点以上とれれば合格！

得点 ／28

次の――線のカタカナを漢字になおしなさい。

□ 1 飛行機のザセキを予約する。（　　）

□ 2 ピアノのエンソウ会に招かれた。（　　）

□ 3 かぜ気味で頭がイタい。（　　）

□ 4 国語の授業でハイクを作った。（　　）

□ 5 体育館に作品をテンジする。（　　）

□ 6 柱時計のねじをマく。（　　）

□ 7 給食当番がおかずをお皿にモる。（　　）

□ 8 飛行機のモケイを作り始める。（　　）

□ 9 天文台でウチュウ観測をする。（　　）

□ 10 放課後にテツボウの練習をした。（　　）

□ 11 商店街で人気のお店にナラぶ。（　　）

□ 12 政治家がテレビトウロンをする。（　　）

解答

1 座席
2 演奏
3 痛
4 俳句
5 展示
6 巻
7 盛
8 模型
9 宇宙
10 鉄棒
11 並
12 討論

他例 1［正座（せいざ）］ 2［独奏（どくそう）・合奏（がっそう）］

□ 13 **ショウライ**の見通しを立てる。（　　）

□ 14 正しい**シセイ**でいすにすわる。（　　）

□ 15 注文した商品が**トド**く。（　　）

□ 16 **タンニン**の先生に相談する。（　　）

□ 17 用件を伝えることを**ワス**れる。（　　）

□ 18 **マイバン**ねる前に本を読む。（　　）

□ 19 運動中に**ムネ**が苦しくなった。（　　）

□ 20 野球の大会で**ユウショウ**した。（　　）

□ 21 次の試合の相手は**キョウテキ**だ。（　　）

□ 22 動きやすい**フクソウ**に着がえる。（　　）

□ 23 学校にいるうちに、日が**ク**れる。（　　）

□ 24 朝食時に**ギュウニュウ**を飲む。（　　）

□ 25 この植物の**ワカ**い芽は食べられる。（　　）

□ 26 十年ぶりに**キョウリ**にもどった。（　　）

□ 27 パソコンの**ショリ**速度が落ちる。（　　）

□ 28 いすの**セ**もたれを少したおす。（　　）

---

13 将来
14 姿勢
15 届
16 担任
17 忘
18 毎晩
19 胸
20 優勝
21 強敵
22 服装
23 暮
24 牛乳
25 若
26 郷里
27 処理
28 背

他例 18［今晩（こんばん）］ 22［装置（そうち）・包装（ほうそう）・軽装（けいそう）］

書き取り ②

20分で解こう！

20点以上とれれば合格！

得点　／28

次の──線のカタカナを漢字になおしなさい。

1 **セイザ**にまつわる神話を調べる。（　　）
2 公園を**カクチョウ**する。（　　）
3 ハーブでハンカチを**ソ**める。（　　）
4 先人からの**イサン**を受けつぐ。（　　）
5 **ス**てる神あれば拾う神あり。（　　）
6 高度な**エイゾウ**技術を用いる。（　　）
7 天気がいいのでふとんを**ホ**す。（　　）
8 地球の**シゲン**を有効に利用する。（　　）
9 **マド**を開けて外の空気を入れる。（　　）
10 **ケイサツ**署は学校の裏手にある。（　　）
11 量子力学を**センモン**に学ぶ。（　　）
12 車のエンジンが**コショウ**した。（　　）

解答
1 星座　2 拡張　3 染　4 遺産　5 捨　6 映像　7 干　8 資源　9 窓　10 警察　11 専門　12 故障

他例 3［染は「染（そ）まる」が問われることもある］

□ 13 役者の演技に**シタ**（　）を巻く。

□ 14 店先に**カンバン**（　）をかける。

□ 15 有害物質を取り**ノゾ**（　）く。

□ 16 駅の**カイダン**（　）をかけ上がる。

□ 17 きっぷの**マイスウ**（　）を確認《かくにん》する。

□ 18 夏のセールを**センデン**（　）する。

□ 19 兄は**スイリ**（　）小説が大好きだ。

□ 20 **オサナ**（　）い子供の相手をする。

□ 21 災害に備えて食料を**ホゾン**（　）する。

□ 22 行進の列が左右に**ミダ**（　）れる。

□ 23 水泳の前に準備**タイソウ**（　）をする。

□ 24 寒い朝にできた池の氷を**ワ**（　）る。

□ 25 ビルを**テッコツ**（　）で建設する。

□ 26 よごれた服をきれいに**アラ**（　）う。

□ 27 国語の授業で詩を**ロウドク**（　）した。

□ 28 チームの**ハンチョウ**（　）に選ばれた。

---

13 舌　14 看板　15 除　16 階段　17 枚数　18 宣伝　19 推理　20 幼　21 保存　22 乱　23 体操　24 割　25 鉄骨　26 洗　27 朗読　28 班長

意味 27［朗読＝感情をこめて、声に出して読み上げること］

これは はずせない！ A

書き取り ③

20分で解こう！

20点以上とれれば合格！

得点 ／28

次の――線のカタカナを漢字になおしなさい。

□ 1 雨で遠足がエンキになった。（　　）

□ 2 山の頂上で大きく息をスう。（　　）

□ 3 ケーキとコウチャで一服する。（　　）

□ 4 チュウコクを聞かず失敗した。（　　）

□ 5 事件のハイケイを考える。（　　）

□ 6 旅の思い出を心にキザむ。（　　）

□ 7 集中すると勉強が早くスむ。（　　）

□ 8 みかんのとれるチイキを調べる。（　　）

□ 9 できるだけカンケツにまとめる。（　　）

□ 10 この場所は仲間だけのヒミツだ。（　　）

□ 11 山中で友人の名をヨぶ。（　　）

□ 12 ぶつかるスンゼンで止まった。（　　）

解答

1 延期
2 吸
3 紅茶
4 忠告
5 背景
6 刻
7 済
8 地域
9 簡潔
10 秘密
11 呼
12 寸前

意味 5［背景＝物事の背後にある事情や勢力のこと］

□ 13 ショクジュ（　　）して、森をつくる。

□ 14 目標実現のためにホネ（　　）を折る。

□ 15 国際会議にツウヤク（　　）をつける。

□ 16 あの人は親切をオン（　　）に着せる。

□ 17 ユウビン（　　）局に問い合わせる。

□ 18 本屋でザッシ（　　）を買う。

□ 19 夏バテでショクヨク（　　）がおちる。

□ 20 山里に雪がしんしんとフ（　　）る。

□ 21 コウフン（　　）して夜もねむれない。

□ 22 公園には人のスガタ（　　）はなかった。

□ 23 キンニク（　　）に負荷《ふか》をかけてきたえる。

□ 24 正しいケイゴ（　　）の使い方を学ぶ。

□ 25 ツクエ（　　）の上をきれいに整理する。

□ 26 オーケストラのシキ（　　）をとる。

□ 27 明日までにゲキ（　　）の台本を覚える。

□ 28 シャワーからぽたぽた水がタ（　　）れる。

13 植樹　14 骨　15 通訳　16 恩　17 郵便　18 雑誌　19 食欲　20 降　21 興奮　22 姿　23 筋肉　24 敬語　25 机　26 指揮　27 劇　28 垂

意味　14［骨を折る＝力をつくす。苦労する］

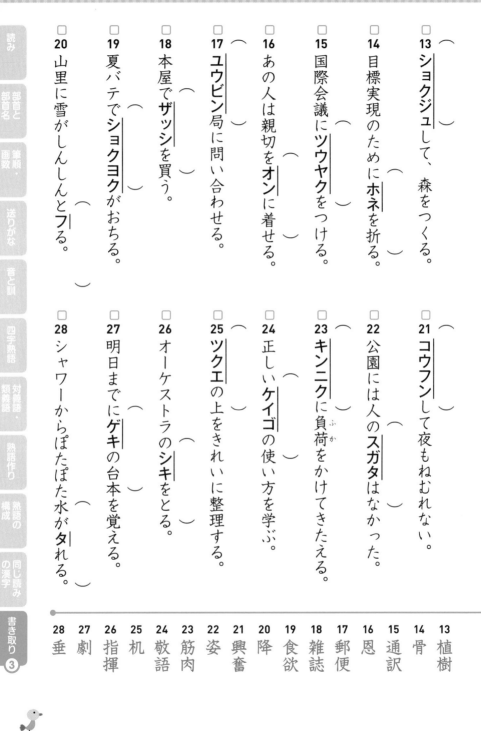

これは はずせない！ A

書き取り ④

20分で解こう！

20点以上とれれば合格！

得点 /28

次の――線のカタカナを漢字になおしなさい。

□ 1 地下の倉庫にチョゾウする。（　　）

□ 2 横綱《よこづな》のドヒョウ入りを見る。（　　）

□ 3 課題が終わらなくてコマる。（　　）

□ 4 歴史的にキチョウな資料だ。（　　）

□ 5 コウソウビルが遠くに見える。（　　）

□ 6 線路にソってまっすぐに歩く。（　　）

□ 7 問題は想像以上にシンコクだ。（　　）

□ 8 ハラをくくって任務に当たる。（　　）

□ 9 雑誌で文芸作品をヒヒョウする。（　　）

□ 10 スジがよい、とほめられる。（　　）

□ 11 劇が終わり、マクが下ろされた。（　　）

□ 12 物語文をダンラクで分ける。（　　）

解答

1 貯蔵　2 土俵　3 困　4 貴重　5 高層　6 沿　7 深刻　8 腹　9 批評　10 筋　11 幕　12 段落

他例 1〔冷蔵（れいぞう）・蔵書（ぞうしょ）〕　意味 8〔腹をくくる＝覚ごを決める〕

読み
部首と部首名
筆順・画数
送りがな
音と訓
四字熟語
対義語・類義語
熟語作り
熟語の構成
同じ読みの漢字
書き取り ④

□ **13** 休日は**オンセン**（　　）でくつろぐ。

□ **14** 注射の**ハリ**（　　）が苦手な人は多い。

□ **15** なみだで**シカイ**（　　）がぼやける。

□ **16** 名前を呼ばれて**ワレ**（　　）に返った。

□ **17** **コクホウ**（　　）に指定されている書物。

□ **18** **シュウショク**（　　）活動が始まった。

□ **19** 両親を**ソンケイ**（　　）している。

□ **20** 祖母は言葉づかいに**キビ**（　　）しい。

□ **21** **タンジョウ**（　　）パーティーを開いた。

□ **22** 教育を受ける**ケンリ**（　　）を有する。

□ **23** 本の表紙を**ト**（　　）じる。

□ **24** 板に**スイチョク**（　　）にくぎを打つ。

□ **25** **アヤマ**（　　）りを進んで正す。

□ **26** 金にはかえられない**カチ**（　　）がある。

□ **27** **カンシュウ**（　　）でいっぱいの競技場。

□ **28** 庭で弟が**スナ**（　　）遊びをしている。

---

13 温泉　14 針　15 視界　16 我　17 国宝　18 就職　19 尊敬　20 厳　21 誕生　22 権利　23 閉　24 垂直　25 誤　26 価値　27 観衆　28 砂

意味　16［我に返る＝正気にもどる。本心に立ち返る］

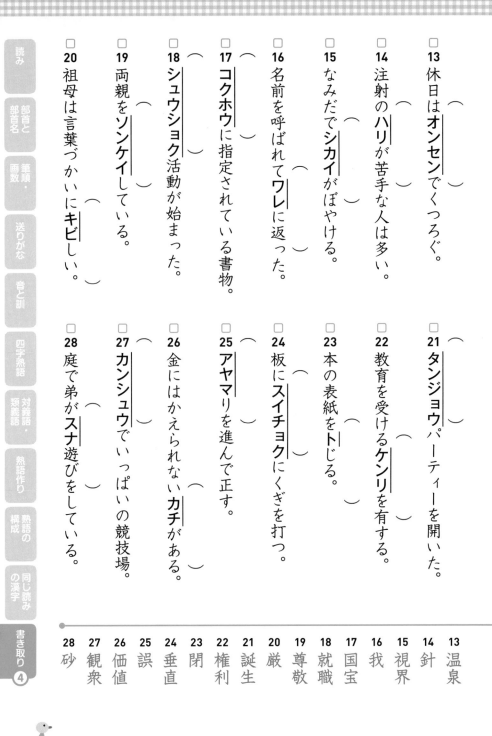

問1

スタートからゴールまで二字熟語を作りながら上下左右に進もう！

例

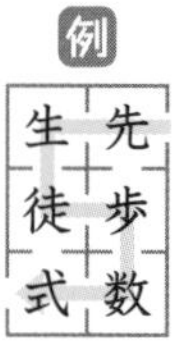

先生→生徒→徒歩→歩数→数式

答え

1 故郷→郷里→里親→親善→善戦→戦国→国宝→宝石→石段→段差→差異→異論→論議→議題→題目

2 植樹→樹立→立憲→憲法→法律→律令→令状→状態→態勢→勢力→力量→量目→目頭→頭痛→痛快

問2

A～Eのグループの漢字に共通の部首を付けると、別の漢字に変わります。共通する部首を答えよう！

答え

A 言（ごんべん） 詞・討・誌・訳・誤・誠

B 广（まだれ） 府・序・庁・座

C 宀（うかんむり） 容・宙・寄・宣・宗

D 刂（りっとう） 則・割・創・刊・刻・判

E ⺮（たけかんむり） 簡・管・等・箱

問3 二つの文章中の①～⑩のカタカナを漢字と送りがなに直そう！

私は①オサナイころ、先生の指示に②シタガワズ、③アブナイ遊びでけがをして、母に④キビシクしかられ、⑤イタイ思いをした。

①

②

③

④

⑤

問4 A～Eそれぞれに漢字一字を入れて四字熟語を完成させよう！

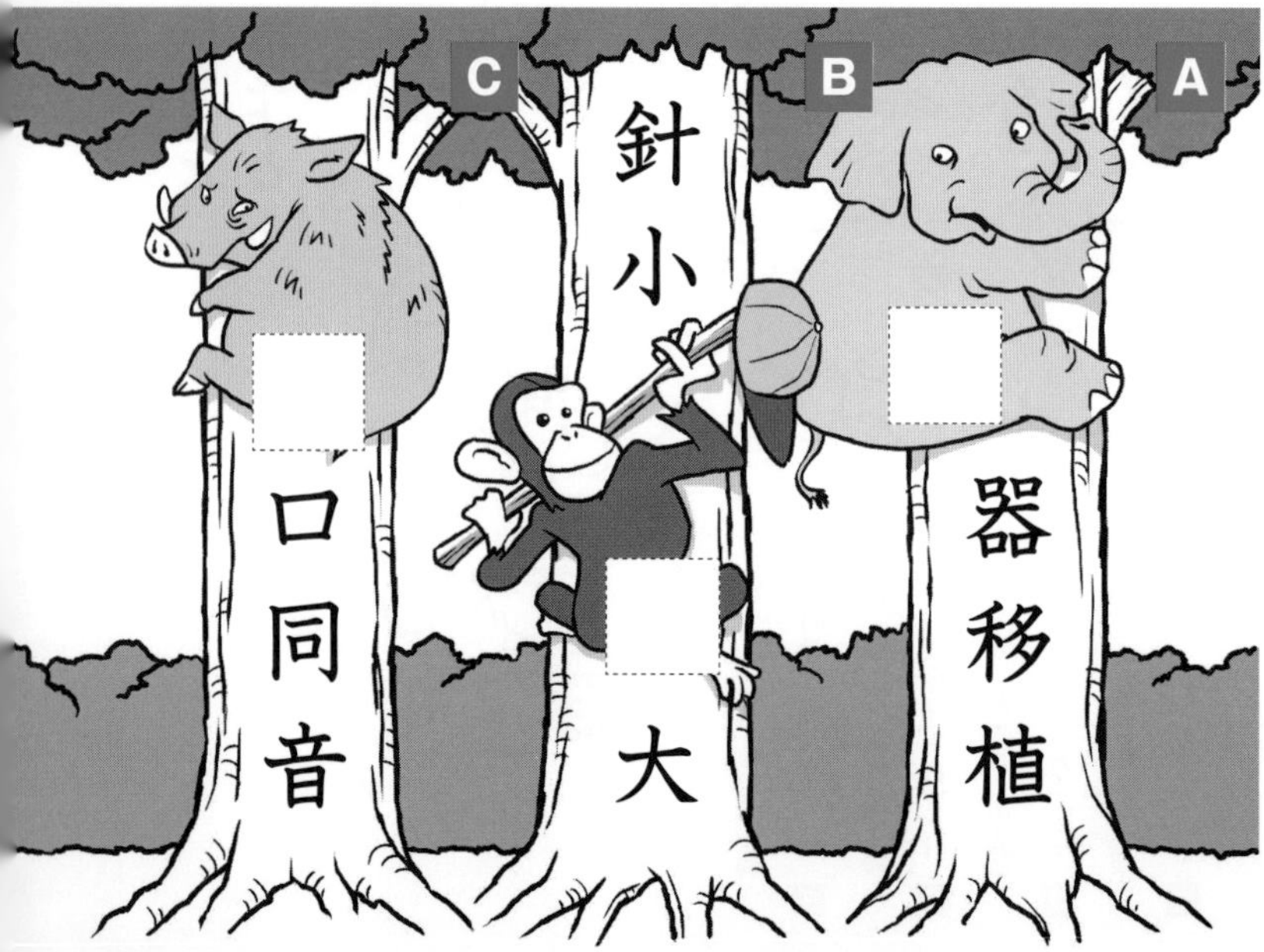

弟はおばさんの家を⑥タズネテ、りんごを⑦トドケタ。おばさんは、そのりんごを机に二個⑧ナラベテ⑨ソナエ、⑩オガンダ。

⑥ ⑦ ⑧ ⑨ ⑩

答え
①幼い ②従わず ③危ない ④厳しく ⑤痛い
⑥訪ねて ⑦届けた ⑧並べて ⑨供え ⑩拝んだ

答え
A 臓器移植 B 針小棒大 C 異口同音
D 賛否両論 E 臨機応変

問 5

漢字のパーツを組み合わせて 1～5は対義語、6～10は類義語を作ろう！

対義語

1 権利 ⇔ 力 羊 矛 我 攵

2 実物 ⇔ 土 昔 刑 木 大

3 保守 ⇔ 立 斤 廿 木 串

4 理想 ⇔ 宀 目 儿 夫 王

5 整理 ⇔ 舌 し 龷 攵 月

類義語

6 助言 ＝ 口 中 生 心

7 価格 ＝ 几 直 又 亻 阝

8 快活 ＝ 月 月 日 良

9 広告 ＝ 亻 旦 云 宀 一

10 用意 ＝ 亻 十 龷 淮 用

答え 1 義務 2 模型 3 革新 4 現実 5 散乱 6 忠告 7 値段 8 明朗 9 宣伝 10 準備

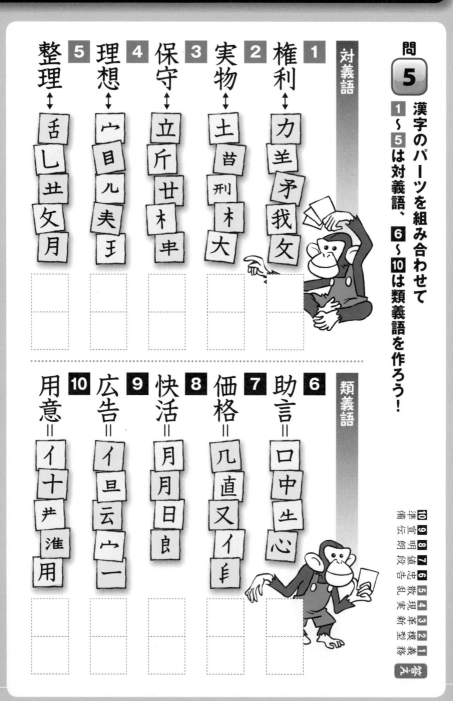

問6 同じ読みの漢字をそれぞれ答えよう！

1 □ しお
2 □ しお
3 □□ じこ
4 □□ じこ
5 □□ しき
6 □□ しき
7 □□ こうか
8 □□ こうか
9 □□ しかい
10 □□ しかい

答え
1 塩
2 潮
3 自己
4 事故
5 指揮
6 四季
7 降下
8 高価
9 視界
10 司会

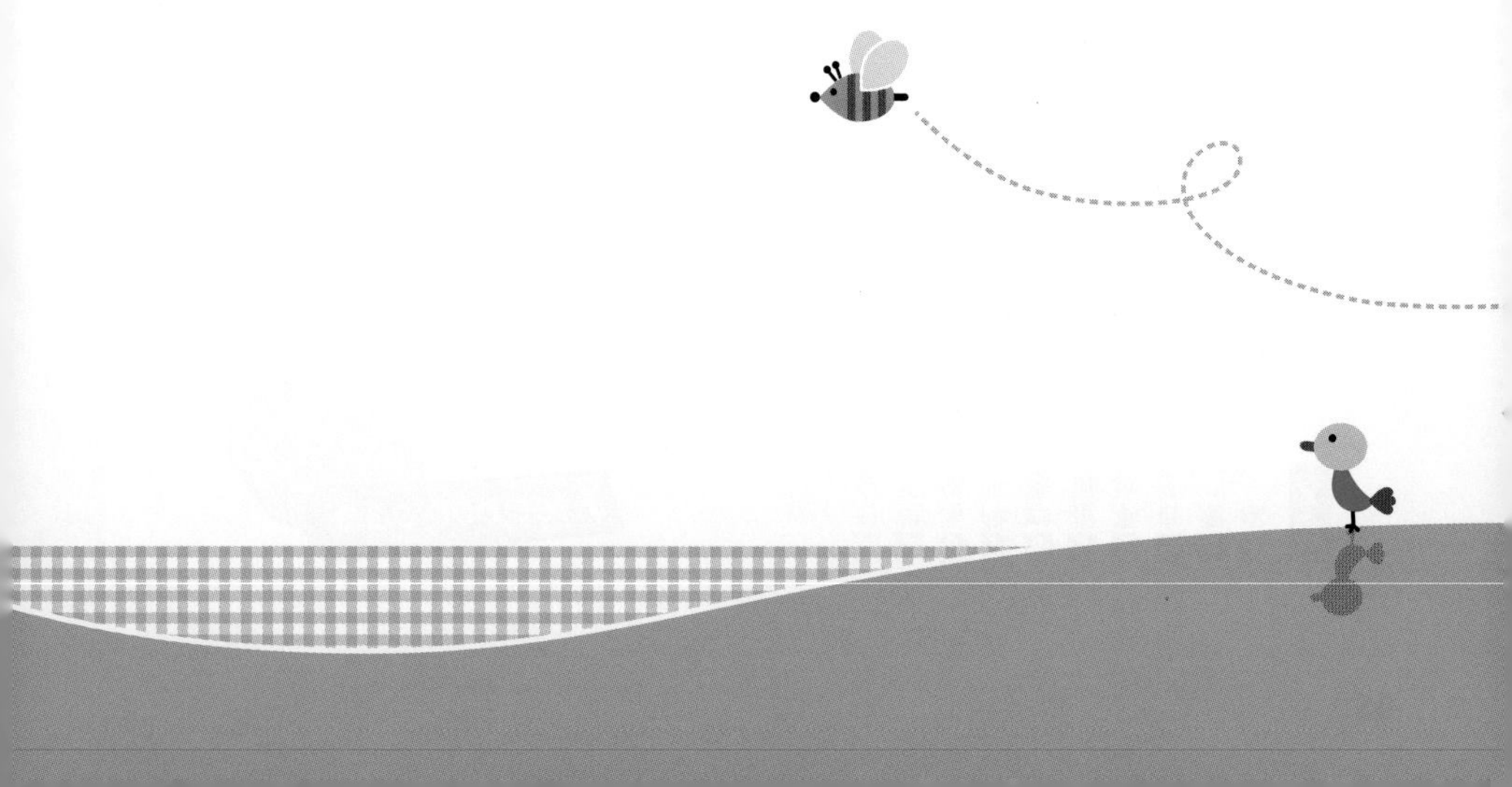

よく ねらわれる!

でる順 B ランク

よく
ねらわれる！
B

読み①

10分で解こう！

20点以上とれれば合格！

得点 /28

次の――線の漢字の読みをひらがなで書きなさい。

□1 救済の手を差しのべる。（　　）
□2 不足している人員を補う。（　　）
□3 指揮系統が混乱している。（　　）
□4 アジア諸国との交流を深める。（　　）
□5 空気がぬけて風船が縮む。（　　）
□6 飛行機を操縦する。（　　）
□7 妹がピアノ教室の幼児科に入った。（　　）
□8 ジムで筋力トレーニングをする。（　　）
□9 運動をしたら腹が減った。（　　）
□10 母はとても気が若い。（　　）
□11 臨時の特急電車が運行される。（　　）
□12 旅行の綿密な計画をたてる。（　　）

解答

1 きゅうさい
2 おぎな
3 こんらん
4 しょこく
5 ちぢ
6 そうじゅう
7 ようじ
8 きんりょく
9 はら
10 わか
11 りんじ
12 めんみつ

他例 8［鉄筋（てっきん）］ 12［秘密（ひみつ）・密接（みっせつ）・密閉（みっぺい）］

□ 13 訳をくわしく話してください。（　　）
□ 14 修学旅行の冊子を作る。（　　）
□ 15 聖火をリレーする。（　　）
□ 16 得意の絶頂にある。（　　）
□ 17 絹をさくような悲鳴をあげた。（　　）
□ 18 尺八の音色を聞き分ける。（　　）
□ 19 両手を合わせて仏像を拝む。（　　）
□ 20 おたがいの作品を批評し合う。（　　）

□ 21 ロケットで宇宙空間を飛行する。（　　）
□ 22 太陽光が海面に反射している。（　　）
□ 23 この数日暖かい日が続いている。（　　）
□ 24 至る所にゴミが落ちている。（　　）
□ 25 全校生徒で校庭の除草をする。（　　）
□ 26 地主から土地を提供してもらう。（　　）
□ 27 牧場で牛の乳しぼりをする。（　　）
□ 28 かれの誠実な人がらが買われた。（　　）

13 わけ
14 さっし
15 せいか
16 ぜっちょう
17 きぬ
18 しゃくはち
19 おが
20 ひひょう
21 うちゅう
22 はんしゃ
23 あたた
24 いた
25 じょそう
26 ていきょう
27 ちち
28 せいじつ

意味 17 [絹をさくよう＝非常にかん高くするどい声をたとえていう]

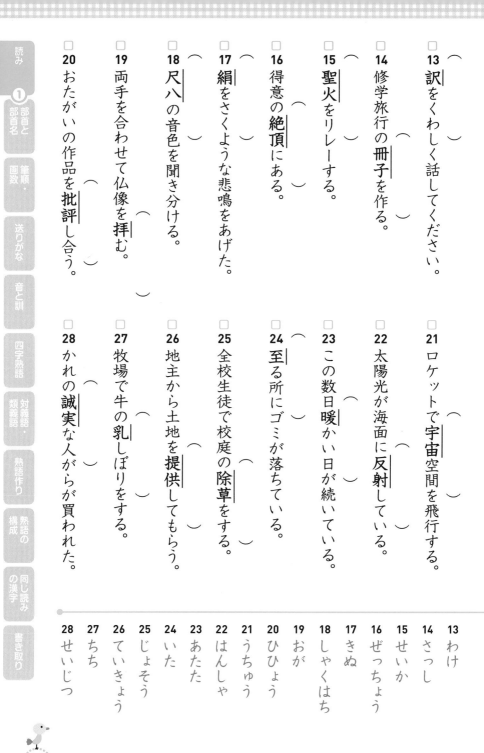

よく ねらわれる！ B

読み ②

10分で解こう！

20点以上とれれば合格！

得点 /28

次の——線の漢字の読みをひらがなで書きなさい。

1 総理大臣が各国を歴訪する。（　　）
2 道路をふさぐ岩を取り除く。（　　）
3 国民の権利と義務を定める。（　　）
4 国際親善大使に任命された。（　　）
5 かけがえのない人類の宝だ。（　　）
6 ギリシア悲劇を上演する。（　　）
7 新しく二か国が国連に加盟した。（　　）
8 現場で深刻な問題が起こった。（　　）
9 事故があったため片側通行だ。（　　）
10 時間切れ寸前で間に合った。（　　）
11 英文の物語を日本語に訳す。（　　）
12 土地にかかる税金を納める。（　　）

解答

1 れきほう
2 のぞ
3 けんり
4 しんぜん
5 たから
6 ひげき
7 かめい
8 しんこく
9 かたがわ
10 すんぜん
11 やく
12 おさ

意味 1［歴訪＝次々におとずれること］

□ 13 病気を治すことに専念する。（　）

□ 14 私は祖父を尊敬している。（　）

□ 15 国語の教科書は縦書きである。（　）

□ 16 理科の実験で磁石を用いた。（　）

□ 17 学校に絵の具を忘れる。（　）

□ 18 危険防止の処置を講じる。（　）

□ 19 明るい太陽の光が目を射る。（　）

□ 20 自己を冷静に見つめてみよう。（　）

□ 21 別の教室から机を運んで来る。（　）

□ 22 ステージの背景を担当する。（　）

□ 23 チームの心棒となり活やくする。（　）

□ 24 糖分の取り過ぎは体に悪い。（　）

□ 25 子供の成長を映像で記録する。（　）

□ 26 大声で向こうにいる友達を呼ぶ。（　）

□ 27 あこがれの人に会えて感激した。（　）

□ 28 それは謝《あやま》って済む問題ではない。（　）

---

13 せんねん　14 そんけい　15 たて　16 じしゃく　17 わす　18 きけん　19 い　20 じこ　21 つくえ　22 はいけい　23 しんぼう　24 とうぶん　25 えいぞう　26 よ　27 かんげき　28 す

意味 23［心棒＝活動の中心となるもの］　他例 28［済（す）ます・済（す）ませる］

よく ねらわれる！ B

読み ③

10分で解こう！

20点以上とれれば合格！

得点 /28

次の――線の漢字の読みをひらがなで書きなさい。

□ 1 ご飯はエネルギーの源だ。（　　）

□ 2 私は牛乳を毎日一本飲む。（　　）

□ 3 紅茶にレモンを入れて飲む。（　　）

□ 4 ゴミはくずかごに捨てる。（　　）

□ 5 先生の忠告に従えばよかった。（　　）

□ 6 実に痛快なコメディーだ。（　　）

□ 7 党内でも賛否が分かれている。（　　）

□ 8 国会周辺を厳重に警備する。（　　）

□ 9 準備に人手が足りなくて困る。（　　）

□ 10 国民は納税の義務を負っている。（　　）

□ 11 すべてが灰となってしまった。（　　）

□ 12 ゆっくりと呼吸を整える。（　　）

解答

1 みなもと
2 ぎゅうにゅう
3 こうちゃ
4 す
5 ちゅうこく
6 つうかい
7 さんぴ
8 げんじゅう
9 こま
10 のうぜい
11 はい
12 こきゅう

意味 6［痛快＝たいそうゆかいなこと］

□ 13 書類を郵送する。（　　）

□ 14 経営方針を見直す。（　　）

□ 15 長く走り続けて息が乱れる。（　　）

□ 16 正しい姿勢で人の話を聞く。（　　）

□ 17 オリンピックが閉幕した。（　　）

□ 18 宗教改革について学ぶ。（　　）

□ 19 傷は深いが命に別状はない。（　　）

□ 20 子供が砂場で遊んでいる。（　　）

□ 21 大きな木の切り株にこしかける。（　　）

□ 22 体操選手が宙返りをする。（　　）

□ 23 すばらしい風景をカメラに収める。（　　）

□ 24 問題用紙の枚数を確認《かくにん》しなさい。（　　）

□ 25 時間とともに潮流が変化する。（　　）

□ 26 農家で蚕を飼育している。（　　）

□ 27 父は毎朝早く出勤していく。（　　）

□ 28 このとびらは鋼鉄でできている。（　　）

13 ゆうそう
14 ほうしん
15 みだ
16 しせい
17 へいまく
18 しゅうきょう
19 きず
20 すなば
21 かぶ
22 ちゅうがえ
23 おさ
24 まいすう
25 ちょうりゅう
26 かいこ
27 しゅっきん
28 こうてつ

意味 14［方針＝めざす方向］ 25［潮流＝海水の流れ］

よく ねらわれる！ B

部首と部首名 ①

10分で解こう！

13点以上とれれば合格！

得点 /18

次の漢字の部首と部首名を後の□の中から選び、記号で答えなさい。

部首 部首名

1 拝［　］（　）
2 胸［　］（　）
3 欲［　］（　）
4 泉［　］（　）
5 激［　］（　）
6 詞［　］（　）
7 若［　］（　）
8 域［　］（　）

部首
あ 扌　い 水　う 氵
え 艹　お 月　か 言
き 欠　く 土

部首名
ア さんずい　イ くさかんむり
ウ にくづき　エ つちへん
オ あくび・かける　カ みず
キ てへん　ク ごんべん

解答

1［あ］扌（キ）てへん
2［お］月（ウ）にくづき
3［き］欠（オ）あくび・かける
4［い］水（カ）みず
5［う］氵（ア）さんずい
6［か］言（ク）ごんべん
7［え］艹（イ）くさかんむり
8［く］土（エ）つちへん

他例 3［欠＝はん囲内ではほかは、歌・次・欠のみ］ 4［水＝ほかは、水・氷・求・永のみ］

9 誠［　　］（　　）
10 模［　　］（　　）
11 宇［　　］（　　）
12 灰［　　］（　　）
13 鋼［　　］（　　）

部首　部首名

14 党［　　］（　　）
15 冊［　　］（　　）
16 揮［　　］（　　）
17 孝［　　］（　　）
18 晩［　　］（　　）

部首　部首名

部首

あ 日　い 木　う 扌　え 冂　お 儿　か 言　き 子　く 宀　け 火　こ 釒

部首名

ア どうがまえ・けいがまえ・まきがまえ　イ うかんむり　ウ かねへん　エ こ　オ ごんべん　カ ひへん　キ てへん　ク きへん　ケ ひとあし・にんにょう　コ ひ

9［か］（オ）言 ごんべん
10［い］（ク）木 きへん
11［く］（イ）宀 うかんむり
12［け］（コ）火 ひ
13［こ］（ウ）釒 かねへん
14［お］（ケ）儿 ひとあし にんにょう
15［え］（ア）冂 どうがまえ けいがまえ まきがまえ
16［う］（キ）扌 てへん
17［き］（エ）子 こ
18［あ］（カ）日 ひへん

他例　12［火＝はん囲内ではほかは、火・炭・災のみ］　15［冂＝ほかは、円・再のみ］

部首と部首名 ②

10分で解こう!

13点以上とれれば合格!

得点 /18

次の漢字の部首と部首名を後の[ ]の中から選び、記号で答えなさい。

部首 部首名

1 潮［ ］（ ）
2 装［ ］（ ）
3 覧［ ］（ ）
4 討［ ］（ ）

5 貴［ ］（ ）
6 胃［ ］（ ）
7 厳［ ］（ ）
8 姿［ ］（ ）

部首

あ 貝 い 氵 う 見
え ⺍ お 衣 か 女
き 肉 く 言

部首名

ア つかんむり イ おんな
ウ かい・こがい エ みる
オ ごんべん カ にく
キ さんずい ク ころも

解答

1［い］氵（キ）さんずい
2［お］衣（ク）ころも
3［う］見（エ）みる
4［く］言（オ）ごんべん
5［あ］貝（ウ）かい こがい
6［き］肉（カ）にく
7［え］⺍（ア）つかんむり
8［か］女（イ）おんな

他例 7［⺍＝ほかは、単・巣・営のみ］ 8［女＝はん囲内ではほかは、女・委・妻のみ］

部首 ／ 部首名

□ 9 奮［　］（　）
□ 10 拡［　］（　）
□ 11 段［　］（　）
□ 12 異［　］（　）
□ 13 砂［　］（　）

□ 14 穀［　］（　）
□ 15 脳［　］（　）
□ 16 除［　］（　）
□ 17 蚕［　］（　）
□ 18 補［　］（　）

部首

あ 田　い 阝　う 扌　え 石　お 月　か 禾　き 殳　く 大　け 虫　こ 衤

部首名

ア こざとへん　イ いしへん　ウ ころもへん　エ てへん　オ のぎへん　カ だい　キ るまた・ほこづくり　ク た　ケ にくづき　コ むし

---

9 ［く］大（カ）だい
10 ［う］扌（エ）てへん
11 ［き］殳（キ）るまた ほこづくり
12 ［あ］田（ク）た
13 ［え］石（イ）いしへん

14 ［か］禾（オ）のぎへん
15 ［お］月（ケ）にくづき
16 ［い］阝（ア）こざとへん
17 ［け］虫（コ）むし
18 ［こ］衤（ウ）ころもへん

他例 11［殳＝はん囲内ではほかは、殺のみ］

よく
ねらわれる！
B

筆順・画数 ①

10分で
解こう！

17点以上
とれれば
合格！

得点
／24

次の漢字の赤い画のところは筆順の何画目か、また総画数は何画か、算用数字(1、2、3…)で答えなさい。

何画目　総画数

□1 論（　）［　］
□2 詞（　）［　］
□3 裏（　）［　］
□4 済（　）［　］
□5 誠（　）［　］

何画目　総画数

□6 訳（　）［　］
□7 胸（　）［　］
□8 座（　）［　］
□9 専（　）［　］
□10 銭（　）［　］

解答

1 （13）［15］
横画と縦画が交わる時は横を先に書く。

2 （9）［12］
囲む形は外側の囲みを先に書く。

3 （7）［13］
里は横画2本を最後に書く。

4 （9）［11］
8画目から11画目は左から右へ書く。

5 （8）［13］
成の筆順に注意。

6 （8）［11］
尺の筆順に注意。

7 （7）［10］
勹などの囲む形は先に書く。

8 （8）［10］
坐は縦のつらぬきの次に横画を2本書く。

9 （7）［9］
寸の筆順に注意。

10 （12）［14］
戋の筆順に注意。

他例　3［裏の8画目の横画］　5［誠の9、12画目］

何画目　総画数

11 貴（　）［　］
12 域（　）［　］
13 障（　）［　］
14 看（　）［　］
15 尺（　）［　］
16 暖（　）［　］
17 后（　）［　］

何画目　総画数

18 誤（　）［　］
19 奮（　）［　］
20 遺（　）［　］
21 探（　）［　］
22 従（　）［　］
23 源（　）［　］
24 批（　）［　］

---

11 （5）［12］横画は5画目。

12 （10）［11］或の筆順に注意。

13 （9）［14］阝(こざとへん)は3画で書く。

14 （4）［9］左はらい、横画2本を書いてからはらう。

15 （3）［4］左のはらいは3画目に書く。

16 （11）［13］爰の筆順に注意。

17 （3）［6］𠂆は2画で書く。

18 （12）［14］呉の筆順に注意。

19 （8）［16］隹は縦画を書いてから横画を書く。

20 （4）［15］辶は後に書く。

21 （6）［11］冖は2画で書く。

22 （7）［10］⺍の次は縦画が先。

23 （4）［13］𠂆は横画を先に書く。

24 （6）［7］比は横画を書いてから縦画を書く。

他例　11［貴の4画目の縦画］　13［障の3、8画目］

よく ねらわれる！ B

筆順・画数②

10分で解こう！

17点以上とれれば合格！

得点 ／24

次の漢字の赤い画のところは筆順の何画目か、また総画数は何画か、算用数字(1、2、3…)で答えなさい。

何画目 総画数

1 射（　）［　］
2 乳（　）［　］
3 難（　）［　］
4 除（　）［　］
5 至（　）［　］
6 秘（　）［　］
7 危（　）［　］
8 箇（　）［　］
9 劇（　）［　］
10 展（　）［　］

解答

1 （6）［10］ 身の筆順に注意。
2 （7）［8］ しは1画で書く。
3 （15）［18］ 隹は縦画を書いてから横画を書く。
4 （3）［10］ 阝(こざとへん)は3画で書く。
5 （4）［6］ ムは2画で書く。
6 （6）［10］ 必の筆順に注意。
7 （4）［6］ 厂は横画を先に書く。
8 （7）［18］ 門の筆順に注意。
9 （9）［15］ 豕は3画目にまん中を書く。
10 （8）［10］ 尸の次は横、縦、縦、横の順に書く。

他例 5［至の5画目の縦画］ 6［秘の7画目の「ノ」］

何画目 総画数

□ 11 巻（　）［　］
□ 12 届（　）［　］
□ 13 孝（　）［　］
□ 14 収（　）［　］
□ 15 呼（　）［　］
□ 16 俵（　）［　］
□ 17 激（　）［　］

何画目 総画数

□ 18 幼（　）［　］
□ 19 層（　）［　］
□ 20 存（　）［　］
□ 21 困（　）［　］
□ 22 尊（　）［　］
□ 23 段（　）［　］
□ 24 背（　）［　］

11（7）［9］己は3画で書く。

12（6）［8］由は縦のつらぬきの次に横画を2本書く。

13（4）［7］子は3画で書く。

14（1）［4］丬は2画で書く。

15（5）［8］乎の筆順に注意。

16（4）［10］龶は横、縦、横、横、横の順に書く。

17（12）［16］方の3画目と4画目の筆順に注意。

18（3）［5］幺は3画で書く。

19（8）［14］田の横画は後に書く。

20（2）［6］はじめの3画は横、はらい、縦の順に書く。

21（3）［7］中の木を書いてから横画で閉じる。

22（11）［12］寸の筆順に注意。

23（5）［9］[illegible]は5画で書く。

24（4）［9］北の筆順に注意。

他例 11［巻の4、5画目］

送りがな

20分で解こう！

20点以上とれれば合格！

得点 /28

次の――線のカタカナの部分を漢字一字と送りがな（ひらがな）になおしなさい。

□ 1 **コトナル**見解が示された。（　　）

□ 2 必死になって神様を**オガム**。（　　）

□ 3 規定の税金を国に**オサメル**。（　　）

□ 4 **イタル**所に球が転がっている。（　　）

□ 5 無理を言われて**コマル**。（　　）

□ 6 作家のゆかりの地を**タズネル**。（　　）

□ 7 連勝して首位との差を**チヂメル**。（　　）

□ 8 正直に自分の非を**ミトメル**。（　　）

□ 9 山のてっぺんに雪を**イタダク**。（　　）

□ 10 夏休みの宿題を早めに**スマセル**。（　　）

□ 11 雨が**ハゲシク**戸をたたいている。（　　）

□ 12 私は来月から商社に**ツトメル**。（　　）

解答

1 異なる
2 拝む
3 納める
4 至る
5 困る
6 訪ねる
7 縮める
8 認める
9 頂く
10 済ませる
11 激しく
12 勤める

他例 7［縮は「縮（ちぢ）れる」が問われることもある］　意味 9［頂く＝頭にのせる］

13 目標の達成はウタガワシイ。（　　）
14 決戦を前に勇気をフルウ。（　　）
15 夕日に西の空が赤くソマル。（　　）
16 風が強いので窓をシメル。（　　）
17 注文していた商品がトドク。（　　）
18 標識にシタガッて道を進む。（　　）
19 転んだ時の傷がまだイタム。（　　）
20 試験時間を五分だけノバス。（　　）

21 仏様が天からクモの糸をタラス。（　　）
22 機械の操作をアヤマルと危険だ。（　　）
23 受付の前に一列にナラブ。（　　）
24 水面に景色がきれいにウツル。（　　）
25 ワカイ人の数が減ってきている。（　　）
26 寒さが一段とキビシクなった。（　　）
27 年長者をウヤマイ、礼をつくす。（　　）
28 君に説明をオギナッてほしい。（　　）

13 疑わしい
14 奮う
15 染まる
16 閉める
17 届く
18 従っ
19 痛む
20 延ばす
21 垂らす
22 誤る
23 並ぶ
24 映る
25 若い
26 厳しく
27 敬い
28 補っ

他例　16［閉は「閉（し）まる」が問われることもある］

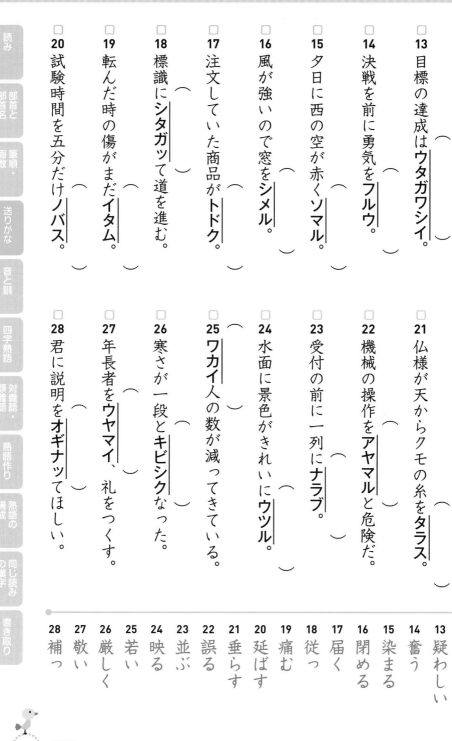

よく
ねらわれる！
B

音と訓 ①

15分で解こう！

20点以上とれれば合格！

得点 /28

漢字の読みには音と訓があります。次の熟語の読みは［　］の中のどの組み合わせになっていますか。ア～エの記号で答えなさい。

ア 音と音　イ 音と訓　ウ 訓と訓　エ 訓と音

1 推理（　）
2 初耳（　）
3 絵筆（　）
4 発券（　）
5 雑誌（　）
6 似顔（　）
7 洋間（　）
8 俳句（　）
9 体操（　）
10 駅前（　）

解答

1 ア（スイ＋リ）
2 ウ（はつ＋みみ）
3 イ（エ＋ふで）
4 ア（ハッ＋ケン）
5 ア（ザッ＋シ）
6 ウ（に＋がお）
7 イ（ヨウ＋ま）
8 ア（ハイ＋ク）
9 ア（タイ＋ソウ）
10 イ（エキ＋まえ）

他例　1［推量（スイ＋リョウ）］　4［株券（かぶ＋ケン）］

11 誤答（　　）
12 茶色（　　）
13 砂糖（　　）
14 着物（　　）
15 返済（　　）
16 片道（　　）
17 枚数（　　）
18 指揮（　　）
19 針金（　　）

20 孝行（　　）
21 効果（　　）
22 親分（　　）
23 心臓（　　）
24 裏庭（　　）
25 幼児（　　）
26 痛手（　　）
27 穀類（　　）
28 密集（　　）

---

11 ア（ゴ＋トウ）
12 イ（チャ＋いろ）
13 ア（サ＋トウ）
14 ウ（き＋もの）
15 ア（ヘン＋サイ）
16 ウ（かた＋みち）
17 ア（マイ＋スウ）
18 ア（シ＋キ）
19 ウ（はり＋がね）

20 ア（コウ＋コウ）
21 ア（コウ＋カ）
22 エ（おや＋ブン）
23 ア（シン＋ゾウ）
24 ウ（うら＋にわ）
25 ア（ヨウ＋ジ）
26 ウ（いた＋で）
27 ア（コク＋ルイ）
28 ア（ミッ＋シュウ）

他例　25［幼少（ヨウ＋ショウ）］　26［苦痛（ク＋ツウ）］

音と訓 ②

15分で解こう！

20点以上とれれば合格！

得点 /28

漢字の読みには音と訓があります。次の熟語の読みは□の中のどの組み合わせになっていますか。ア～エの記号で答えなさい。

ア 音と音　イ 音と訓　ウ 訓と訓　エ 訓と音

□ 1 誠意（　　）
□ 2 茶柱（　　）
□ 3 胸囲（　　）
□ 4 米俵（　　）
□ 5 翌日（　　）
□ 6 郵便（　　）
□ 7 指図（　　）
□ 8 納入（　　）
□ 9 受付（　　）
□ 10 映像（　　）

解答

1 ア（セイ＋イ）
2 イ（チャ＋ばしら）
3 ア（キョウ＋イ）
4 ウ（こめ＋だわら）
5 ア（ヨク＋ジツ）
6 ア（ユウ＋ビン）
7 エ（さし＋ズ）
8 ア（ノウ＋ニュウ）
9 ウ（うけ＋つけ）
10 ア（エイ＋ゾウ）

他例 4［炭俵（すみ＋だわら）］

□ 11 星座（　　）

□ 12 大判（　　）

□ 13 臨時（　　）

□ 14 両側（　　）

□ 15 呼吸（　　）

□ 16 鼻歌（　　）

□ 17 保障（　　）

□ 18 誕生（　　）

□ 19 街角（　　）

□ 20 樹木（　　）

□ 21 総出（　　）

□ 22 規律（　　）

□ 23 秘密（　　）

□ 24 宇宙（　　）

□ 25 客足（　　）

□ 26 観劇（　　）

□ 27 厚紙（　　）

□ 28 否決（　　）

---

11 **ア**（セイ＋ザ）

12 **エ**（おお＋バン）

13 **ア**（リン＋ジ）

14 **イ**（リョウ＋がわ）

15 **ア**（コ＋キュウ）

16 **ウ**（はな＋うた）

17 **ア**（ホ＋ショウ）

18 **ア**（タン＋ジョウ）

19 **ウ**（まち＋かど）

20 **ア**（ジュ＋モク）

21 **イ**（ソウ＋で）

22 **ア**（キ＋リツ）

23 **ア**（ヒ＋ミツ）

24 **ア**（ウ＋チュウ）

25 **イ**（キャク＋あし）

26 **ア**（カン＋ゲキ）

27 **ウ**（あつ＋がみ）

28 **ア**（ヒ＋ケツ）

他例 26［劇場（ゲキ＋ジョウ）・演劇（エン＋ゲキ）］　27［厚着（あつ＋ぎ）］

よく ねらわれる！ B

四字熟語 ①

15分で解こう！

17点以上とれれば合格！

得点 /24

次のカタカナを漢字になおし、一字だけ書きなさい。

□ 1 災害対（　）《サク》

□ 2 （　）《ジョウ》気機関

□ 3 （　）《コク》倉地帯

□ 4 信号無（　）《シ》

□ 5 政治（　）《トウ》論

□ 6 首（　）《ノウ》会議

□ 7 （　）《ホ》欠選挙

□ 8 自（　）《キュウ》自足

□ 9 （　）《ワリ》引料金

□ 10 平和共（　）《ゾン》

解答

1 災害対策《さいがいたいさく》 災害に対処したり予防したりする手段。

2 蒸気機関《じょうききかん》 水蒸気の力を動力にかえる装置。

3 穀倉地帯《こくそうちたい》 多くの穀物を生産する地域。

4 信号無視《しんごうむし》 信号の合図に従わないこと。

5 政治討論《せいじとうろん》 政治問題を話し合うこと。

6 首脳会議《しゅのうかいぎ》 各組織の中心となる人が参加する会議。

7 補欠選挙《ほけつせんきょ》 足りない人員をうめるための選挙。

8 自給自足《じきゅうじそく》 自分の必要なものを自分でまかなうこと。

9 割引料金《わりびきりょうきん》 通常の価格から一定の金額を引いた料金。

10 平和共存《へいわきょうぞん》 平和になかよく暮らしていくこと。

他例 1［公害対策（こうがいたいさく）・失業対策（しつぎょうたいさく）］

□ 11 地下資（ゲン）

□ 12 （キン）務時間

□ 13 空前（ゼツ）後

□ 14 自画自（サン）

□ 15 児童（ケン）章

□ 16 住（タク）建設

□ 17 一進一（タイ）

□ 18 南極（タン）検

□ 19 水玉（モ）様

□ 20 （セイ）人君子

□ 21 加減乗（ジョ）

□ 22 完全（カン）護

□ 23 八方（ビ）人

□ 24 一部（シ）終

---

11 地下資源《ちかしげん》 地中にうまっている有用な資源。

12 勤務時間《きんむじかん》 仕事をするように決められた時間。

13 空前絶後《くうぜんぜつご》 過去にも将来にも例がないめずらしいこと。

14 自画自賛《じがじさん》 自分で自分をほめること。

15 児童憲章《じどうけんしょう》 子供の人権と幸福を守るための規則。

16 住宅建設《じゅうたくけんせつ》 人の住む家を新しくつくること。

17 一進一退《いっしんいったい》 進んだり後ろにさがったりすること。

18 南極探検《なんきょくたんけん》 南極を探検すること。

19 水玉模様《みずたまもよう》 水てきの玉のような模様。

20 聖人君子《せいじんくんし》 知識や人徳にすぐれ、行いの清い人。

21 加減乗除《かげんじょうじょ》 足し算、引き算、かけ算、割り算。

22 完全看護《かんぜんかんご》 入院かん者の世話を病院がすべてすること。

23 八方美人《はっぽうびじん》 だれからもよく思われようと立ち回る人。

24 一部始終《いちぶしじゅう》 始めから終わりまで。全部。

他例 11［水産資源（すいさんしげん）］ 16［集合住宅（しゅうごうじゅうたく）］

よく
ねらわれる！ B

四字熟語 ②

15分で解こう！

17点以上とれれば合格！

得点
/24

次のカタカナを漢字になおし、一字だけ書きなさい。

□ 1 心（キ）一転

□ 2 通学区（イキ）

□ 3 言語道（ダン）

□ 4 規（ボ）拡大

□ 5 玉石（コン）交

□ 6 （ユウ）名無実

□ 7 完全無（ケツ）

□ 8 地方分（ケン）

□ 9 （タン）刀直入

□ 10 一挙両（トク）

解答

1 心機一転《しんきいってん》 ある動機から気持ちがすっかり変わること。

2 通学区域《つうがくくいき》 学校に生徒が通ってくる地域。

3 言語道断《ごんごどうだん》 あきれて言葉が出ないほどひどいこと。

4 規模拡大《きぼかくだい》 規模を大きく広げること。

5 玉石混交《ぎょくせきこんこう》 価値のあるものとないものが交じった状態。

6 有名無実《ゆうめいむじつ》 名ばかりで実質がともなわないこと。

7 完全無欠《かんぜんむけつ》 完全でまったく欠点や不足がないこと。

8 地方分権《ちほうぶんけん》 中央政府の権限や財源を地方に移すこと。

9 単刀直入《たんとうちょくにゅう》 前置きなしに直接本題に入ること。

10 一挙両得《いっきょりょうとく》 一つの事で同時に二つの利益を得ること。

他例 1［心機一転は「転」が問われることもある］

□ 11 議（　）《ロン》百出

□ 12 （　）《ヒ》密文書

□ 13 高（　）《ソウ》住宅

□ 14 親（　）《ゼン》試合

□ 15 （　）《シュウ》議一決

□ 16 自（　）《コ》本位

□ 17 臨時（　）《シュウ》入

□ 18 一（　）《コク》千金

□ 19 人間国（　）《ホウ》

□ 20 温（　）《ダン》前線

□ 21 （　）《ゲン》正中立

□ 22 晴（　）《コウ》雨読

□ 23 起（　）《ショウ》転結

□ 24 自由自（　）《ザイ》

---

11 議論百出《ぎろんひゃくしゅつ》 さまざまな意見が出ること。

12 秘密文書《ひみつぶんしょ》 他の人に見せてはいけない書類。

13 高層住宅《こうそうじゅうたく》 高く階層が重なった家。マンション。

14 親善試合《しんぜんじあい》 たがいの交流を深めるための試合。

15 衆議一決《しゅうぎいっけつ》 意見が一つにまとまること。

16 自己本位《じこほんい》 自分中心に考えること。

17 臨時収入《りんじしゅうにゅう》 予定していないのに手に入ったお金。

18 一刻千金《いっこくせんきん》 わずかな時間も価値があるということ。

19 人間国宝《にんげんこくほう》 国が指定した重要無形文化財保持者のこと。

20 温暖前線《おんだんぜんせん》 雨が降り、通過すると気温が上がる前線。

21 厳正中立《げんせいちゅうりつ》 どちらにもつかずに中立を守ること。

22 晴耕雨読《せいこううどく》 ゆうゆうとした生活を送ること。

23 起承転結《きしょうてんけつ》 物事や文章の順序や組み立て。

24 自由自在《じゆうじざい》 思いのままにすること。

他例 12［秘密文書は「密」が問われることもある］

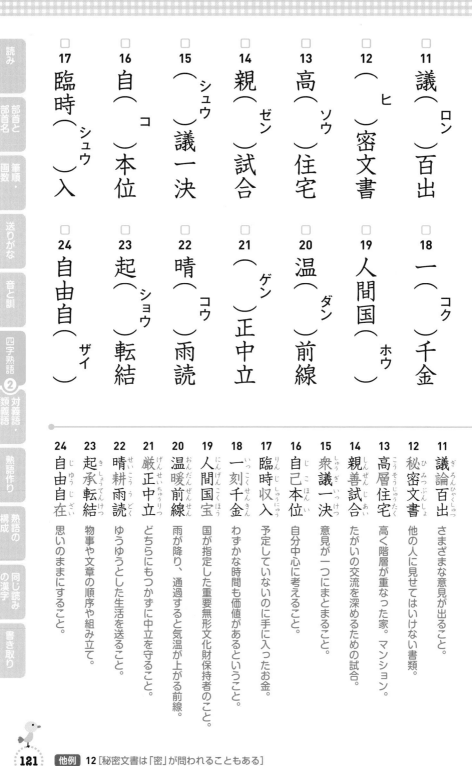

よく ねらわれる！ B

対義語・類義語 ①

20分で解こう！

19点以上とれれば合格！

得点 /26

次の［　］の中のひらがなを漢字になおして、対義語（意味が反対や対《つい》になることば）と、類義語（意味がよくにたことば）を書きなさい。［　］の中のひらがなは一度だけ使い、漢字一字を書きなさい。

対義語

□ 1 読者—（　）者

□ 2 満潮—（　）潮

□ 3 寒流—（　）流

□ 4 横糸—（　）糸

□ 5 遠洋—（　）海

類義語

□ 6 運送—運（　）

□ 7 刊行—出（　）

□ 8 設立—（　）立

□ 9 改新—改（　）

□ 10 質問—質（　）

［ えん　かく　かん　ぎ　そう　たて　だん　ちょ　ぱん　ゆ ］

解答

1 読者《どくしゃ》—著者《ちょしゃ》

2 満潮《まんちょう》—干潮《かんちょう》

3 寒流《かんりゅう》—暖流《だんりゅう》

4 横糸《よこいと》—縦糸《たていと》

5 遠洋《えんよう》—沿海《えんかい》

6 運送《うんそう》—運輸《うんゆ》

7 刊行《かんこう》—出版《しゅっぱん》

8 設立《せつりつ》—創立《そうりつ》

9 改新《かいしん》—改革《かいかく》

10 質問《しつもん》—質疑《しつぎ》

意味 5［遠洋＝陸から遠い海。類義語は「遠海」　沿海＝陸に近い海。類義語は「近海」］

対義語

□ 11 許可—（　）止

□ 12 子孫—（　）先

□ 13 賞賛—非（　）

□ 14 増大—（　）少

□ 15 合奏—（　）奏

□ 16 整然—（　）然

□ 17 順境—（　）境

□ 18 神社—仏（　）

類義語

□ 19 用意—（　）備

□ 20 陽気—（　）活

□ 21 便利—重（　）

□ 22 使命—任（　）

□ 23 容易—（　）易

□ 24 処理—始（　）

□ 25 実直—（　）実

□ 26 間道—（　）道

うら　かい　かく　かん　ぎゃっ　きん　げん　ざつ　じゅん　せい　そ　どく　なん　ほう　まつ　む

---

11 許可《きょか》—禁止《きんし》

12 子孫《しそん》—祖先《そせん》

13 賞賛《しょうさん》—非難《ひなん》

14 増大《ぞうだい》—減少《げんしょう》

15 合奏《がっそう》—独奏《どくそう》

16 整然《せいぜん》—雑然《ざつぜん》

17 順境《じゅんきょう》—逆境《ぎゃっきょう》

18 神社《じんじゃ》—仏閣《ぶっかく》

19 用意《ようい》—準備《じゅんび》

20 陽気《ようき》—快活《かいかつ》

21 便利《べんり》—重宝《ちょうほう》

22 使命《しめい》—任務《にんむ》

23 容易《ようい》—簡易《かんい》

24 処理《しょり》—始末《しまつ》

25 実直《じっちょく》—誠実《せいじつ》

26 間道《かんどう》—裏道《うらみち》

意味　26［間道＝ぬけ道。わき道　裏道＝本道ではないぬけ道］

よく
ねらわれる！ B

対義語・類義語②

20分で解こう！

19点以上とれれば合格！

得点　/26

次の［　］の中のひらがなを漢字になおして、対義語（意味が反対や対《つい》になることば）と、類義語（意味がよくにたことば）を書きなさい。［　］の中のひらがなは一度だけ使い、漢字一字を書きなさい。

対義語

□ 1 公用―（　）用

□ 2 死亡―（　）生

□ 3 禁止―許（　）

□ 4 正面―（　）面

□ 5 初秋―（　）秋

類義語

□ 6 母国―（　）国

□ 7 着任―（　）任

□ 8 記名―（　）名

□ 9 大木―大（　）

□ 10 赤字―（　）失

［か　し　じゅ　しゅう　しょ　そ　そん　たん　はい　ばん］

解答

1 公用《こうよう》―私用《しよう》

2 死亡《しぼう》―誕生《たんじょう》

3 禁止《きんし》―許可《きょか》

4 正面《しょうめん》―背面《はいめん》

5 初秋《しょしゅう》―晩秋《ばんしゅう》

6 母国《ぼこく》―祖国《そこく》

7 着任《ちゃくにん》―就任《しゅうにん》

8 記名《きめい》―署名《しょめい》

9 大木《たいぼく》―大樹《たいじゅ》

10 赤字《あかじ》―損失《そんしつ》

意味　6［母国＝自分の生まれた国　祖国＝先祖からずっと住んできた国］

対義語

□ 11 未来―過（　）
□ 12 持続―中（　）
□ 13 単線―（　）線
□ 14 表側―（　）側
□ 15 悲報―（　）報
□ 16 困難―安（　）
□ 17 好意―（　）意
□ 18 理想―（　）実

類義語

□ 19 均等―一（　）
□ 20 批評―批（　）
□ 21 帰省―帰（　）
□ 22 生産―製（　）
□ 23 材料―（　）材
□ 24 明細―内（　）
□ 25 見事―立（　）
□ 26 格別―（　）別

い　うら　きょう　げん　こ　し　ぞう　だん　てき　とく　ぱ　はん　ふく　りつ　ろう　わけ

---

11 未来《みらい》―過去《かこ》
12 持続《じぞく》―中断《ちゅうだん》
13 単線《たんせん》―複線《ふくせん》
14 表側《おもてがわ》―裏側《うらがわ》
15 悲報《ひほう》―朗報《ろうほう》
16 困難《こんなん》―安易《あんい》
17 好意《こうい》―敵意《てきい》
18 理想《りそう》―現実《げんじつ》

19 均等《きんとう》―一律《いちりつ》
20 批評《ひひょう》―批判《ひはん》
21 帰省《きせい》―帰郷《ききょう》
22 生産《せいさん》―製造《せいぞう》
23 材料《ざいりょう》―資材《しざい》
24 明細《めいさい》―内訳《うちわけ》
25 見事《みごと》―立派《りっぱ》
26 格別《かくべつ》―特別《とくべつ》

意味 24 [明細＝費用などを事細かに書いたもの　内訳＝総金額の内容を細かく分けたもの]

熟語作り ①

15分で
解こう！

16点以上
とれれば
合格！

得点
/22

後の□の中から漢字を選んで、次の意味にあてはまる熟語を作りなさい。答えは記号で書きなさい。

□ 1 政府や会社などで中心になる人。（　・　）

□ 2 大切にとっておくこと。（　・　）

□ 3 こみいっていないようす。（　・　）

□ 4 きびしく、誤りを許さないさま。（　・　）

□ 5 外のものをすって取りこむこと。（　・　）

ア 吸　イ 脳　ウ 格　エ 方　オ 保　カ 純
キ 針　ク 単　ケ 収　コ 厳　サ 首　シ 存

□ 6 勇気をふるいおこすこと。（　・　）

□ 7 悪い点を改めるように言うこと。（　・　）

□ 8 物事の善悪を比べて言うこと。（　・　）

□ 9 不幸などから人をたすけること。（　・　）

□ 10 ちがった考えや意見。（　・　）

ア 批　イ 救　ウ 異　エ 奮　オ 告　カ 守
キ 忠　ク 起　ケ 厳　コ 済　サ 判　シ 議

解答

1 サ・イ（首脳《しゅのう》）
2 オ・シ（保存《ほぞん》）
3 ク・カ（単純《たんじゅん》）
4 コ・ウ（厳格《げんかく》）
5 ア・ケ（吸収《きゅうしゅう》）
6 エ・ク（奮起《ふんき》）
7 キ・オ（忠告《ちゅうこく》）
8 ア・サ（批判《ひはん》）
9 イ・コ（救済《きゅうさい》）
10 ウ・シ（異議《いぎ》）

意味 4［厳格　厳＝きびしい　格＝正しくする］　他例 8［批評（ひひょう）］

□ **11** 多くの人々のこと。（　・　）

□ **12** 非常にゆかいなようす。（　・　）

□ **13** 意見を述べ合うこと。（　・　）

□ **14** 物事が始まること。（　・　）

□ **15** 光などがはねかえること。（　・　）

□ **16** おなじ先生について学んだ人。（　・　）

ア 衆	**イ** 競	**ウ** 開	**エ** 窓	**オ** 痛	**カ** 大	
キ 反	**ク** 景	**ケ** 討	**コ** 同	**サ** 気	**シ** 快	
ス 幕	**セ** 争	**ソ** 射	**タ** 議			

□ **17** うつりかわっていくこと。（　・　）

□ **18** 考えや意見を外に発表すること。（　・　）

□ **19** 仕事につくこと。（　・　）

□ **20** ひとりで楽器をかなでること。（　・　）

□ **21** すなおでさからわないようす。（　・　）

□ **22** しまって持っている本。（　・　）

ア 終	**イ** 職	**ウ** 推	**エ** 蔵	**オ** 開	**カ** 奏	
キ 移	**ク** 言	**ケ** 順	**コ** 期	**サ** 宣	**シ** 閉	
ス 書	**セ** 独	**ソ** 就	**タ** 従			

---

11 カ・ア（大衆《たいしゅう》）
12 オ・シ（痛快《つうかい》）
13 ケ・タ（討議《とうぎ》）
14 ウ・ス（開幕《かいまく》）
15 キ・ソ（反射《はんしゃ》）
16 コ・エ（同窓《どうそう》）
17 ウ・キ（推移《すいい》）
18 サ・ク（宣言《せんげん》）
19 ソ・イ（就職《しゅうしょく》）
20 セ・カ（独奏《どくそう》）
21 タ・ケ（従順《じゅうじゅん》）
22 エ・ス（蔵書《ぞうしょ》）

意味 17［推移　推＝うつり変わる　　移＝変わる］　**他例** 18［宣告（せんこく）］

熟語作り②

15分で解こう！

16点以上とれれば合格！

得点 /22

後の□の中から漢字を選んで、次の意味にあてはまる熟語を作りなさい。答えは記号で書きなさい。

□ 1 相手にはっきり言いわたすこと。（　・　）
□ 2 世の中いっぱんの人々。（　・　）
□ 3 生まれ育った土地。（　・　）
□ 4 学業などがまだ不十分なさま。（　・　）
□ 5 山のてっぺんにのぼること。（　・　）

ア 登　イ 故　ウ 熟　エ 告　オ 郷　カ 雑
キ 宣　ク 乱　ケ 民　コ 未　サ 頂　シ 衆

□ 6 川のながれにそった土地。（　・　）
□ 7 国が定めたきまり。（　・　）
□ 8 人や機械を思うままに動かすこと。（　・　）
□ 9 最後にまとまった考え。（　・　）
□ 10 自分のなまえを書くこと。（　・　）

ア 律　イ 名　ウ 法　エ 神　オ 署　カ 操
キ 聖　ク 論　ケ 域　コ 縦　サ 流　シ 結

解答

1 キ・エ（宣告《せんこく》）
2 ケ・シ（民衆《みんしゅう》）
3 イ・オ（故郷《こきょう》）
4 コ・ウ（未熟《みじゅく》）
5 ア・サ（登頂《とうちょう》）
6 サ・ケ（流域《りゅういき》）
7 ウ・ア（法律《ほうりつ》）
8 カ・コ（操縦《そうじゅう》）
9 シ・ク（結論《けつろん》）
10 オ・イ（署名《しょめい》）

意味 6［流域　流＝流れ　域＝区切り。土地の境］　他例 8［操作（そうさ）］

□ **11** 本をかいた人。（　・　）

□ **12** 液体が気体になる現象。（　・　）

□ **13** 人や物を一定の所に入れること。（　・　）

□ **14** 機械や道具を使ったしくみ。（　・　）

□ **15** 意味をとりちがえること。（　・　）

□ **16** ある事がらをおしはかること。（　・　）

ア 激　**イ** 装　**ウ** 者　**エ** 誤　**オ** 映　**カ** 流
キ 収　**ク** 著　**ケ** 解　**コ** 発　**サ** 理　**シ** 容
ス 蒸　**セ** 反　**ソ** 置　**タ** 推

□ **17** 選手のなかの代表になる人。（　・　）

□ **18** みることのへりくだった言い方。（　・　）

□ **19** 物事がつづいていくこと。（　・　）

□ **20** 国のいろいろな仕事をする役所。（　・　）

□ **21** 自分で新しくつくりだすこと。（　・　）

□ **22** うやまい、とうとぶこと。（　・　）

ア 存　**イ** 仁　**ウ** 究　**エ** 庁　**オ** 敬　**カ** 見
キ 創　**ク** 義　**ケ** 将　**コ** 官　**サ** 探　**シ** 尊
ス 主　**セ** 続　**ソ** 拝　**タ** 独

---

11 **ク・ウ**（著者《ちょしゃ》）
12 **ス・コ**（蒸発《じょうはつ》）
13 **キ・シ**（収容《しゅうよう》）
14 **イ・ソ**（装置《そうち》）
15 **エ・ケ**（誤解《ごかい》）
16 **タ・サ**（推理《すいり》）
17 **ス・ケ**（主将《しゅしょう》）
18 **ソ・カ**（拝見《はいけん》）
19 **ア・セ**（存続《そんぞく》）
20 **コ・エ**（官庁《かんちょう》）
21 **タ・キ**（独創《どくそう》）
22 **シ・オ**（尊敬《そんけい》）

他例 16［推測（すいそく）］　**意味** 21［独創　独＝自分だけ。独特の　創＝つくり出す］

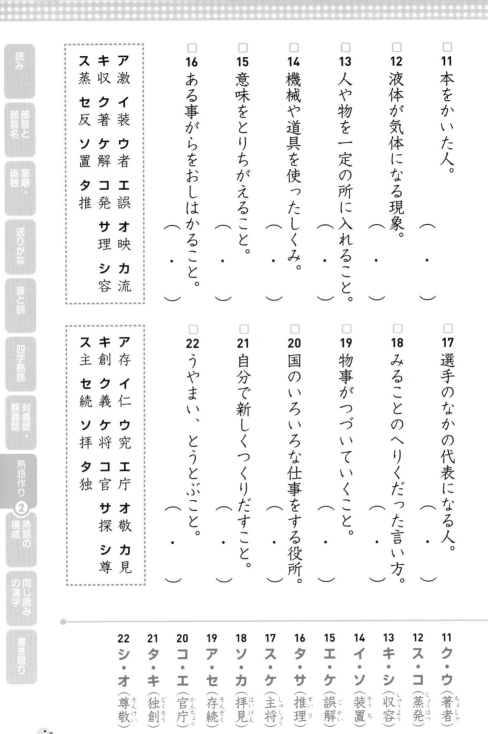

よく
ねらわれる！ B

熟語の構成 ①

15分で
解こう！

17点以上
とれれば
合格！

得点
／24

◎ 漢字を二字組み合わせた熟語では、二つの漢字の間に意味の上で、次のような関係があります。

ア 反対や対《つい》になる意味の字を組み合わせたもの……（軽重－「軽い」↕「重い」と考える）
イ 同じような意味の字を組み合わせたもの……（身体－どちらも「からだ」の意味）
ウ 上の字が下の字の意味を説明（修飾《しゅうしょく》）しているもの……（会員－「会の↓一員」と考える）
エ 下の字から上の字へ返って読むと意味がよくわかるもの……（着火－「つける↑火を」と考える）
オ 上の字が下の字の意味を打ち消しているもの……（非番－「当番ではない」と考える）

次の熟語は右のどれにあたるか、記号で答えなさい。

□ 1 幼虫（　）
□ 2 無視（　）
□ 3 去来（　）
□ 4 舌先（　）

解答

1 ウ 幼虫《ようちゅう》「幼い↓虫」
2 オ 無視《むし》「見ることがない」
3 ア 去来《きょらい》「去る」↕「来る」
4 ウ 舌先《したさき》「舌の↓先」

意味 3［去来＝行ったり来たりすること］

□ 5 不快（　　）
□ 6 停止（　　）
□ 7 潮風（　　）
□ 8 不測（　　）
□ 9 収支（　　）
□ 10 不満（　　）
□ 11 短針（　　）
□ 12 困難（　　）
□ 13 寒冷（　　）
□ 14 増減（　　）

□ 15 歌詞（　　）
□ 16 除雪（　　）
□ 17 死亡（　　）
□ 18 私用（　　）
□ 19 永久（　　）
□ 20 重傷（　　）
□ 21 主従（　　）
□ 22 灰色（　　）
□ 23 着席（　　）
□ 24 班長（　　）

---

5 オ 不快《ふかい》「快適でない」
6 イ 停止《ていし》どちらも「とまる」
7 ウ 潮風《しおかぜ》「潮の→風」
8 オ 不測《ふそく》「予測しない」
9 ア 収支《しゅうし》「収入」↔「支出」
10 オ 不満《ふまん》「満足でない」
11 ウ 短針《たんしん》「短い→針」
12 イ 困難《こんなん》どちらも「くるしむ」
13 イ 寒冷《かんれい》どちらも「さむい」
14 ア 増減《ぞうげん》「増える」↔「減る」

15 ウ 歌詞《かし》「歌の→ことば」
16 エ 除雪《じょせつ》「除く←雪を」
17 イ 死亡《しぼう》どちらも「死ぬ」
18 ウ 私用《しよう》「私の→用事」
19 イ 永久《えいきゅう》どちらも「長い間」
20 ウ 重傷《じゅうしょう》「重い→傷」
21 ア 主従《しゅじゅう》「主である」↔「従である」
22 ウ 灰色《はいいろ》「灰の→色」
23 エ 着席《ちゃくせき》「着く←席に」
24 ウ 班長《はんちょう》「班の→長」

意味 9［収支＝入ってくるお金と出ていくお金］

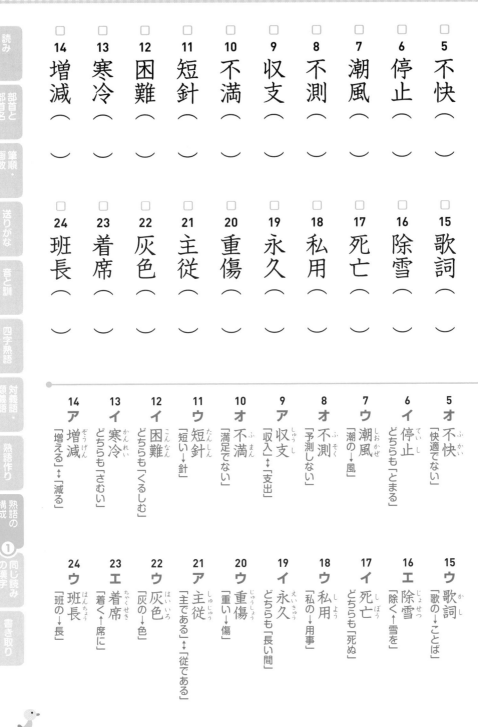

熟語の構成 ②

15分で解こう！

17点以上とれれば合格！

得点　／24

◎漢字を二字組み合わせた熟語では、二つの漢字の間に意味の上で、次のような関係があります。

ア　反対や対《つい》になる意味の字を組み合わせたもの……（軽重-「軽い」↕「重い」と考える）
イ　同じような意味の字を組み合わせたもの……（身体-どちらも「からだ」の意味）
ウ　上の字が下の字の意味を説明（修飾《しゅうしょく》）しているもの……（会員-「会の↓一員」と考える）
エ　下の字から上の字へ返って読むと意味がよくわかるもの……（着火-「つける↑火を」と考える）
オ　上の字が下の字の意味を打ち消しているもの……（非番-「当番ではない」と考える）

次の熟語は右のどれにあたるか、記号で答えなさい。

□ 1 従事（　　）
□ 2 無傷（　　）
□ 3 郷里（　　）
□ 4 旅券（　　）

解答

1 エ　従事《じゅうじ》「従う↑仕事に」
2 オ　無傷《むきず》「傷がない」
3 イ　郷里《きょうり》どちらも「さと」
4 ウ　旅券《りょけん》「旅行の↓券」

意味　1［従事＝その仕事にたずさわること］

- [ ] 5 家賃（　　）
- [ ] 6 得失（　　）
- [ ] 7 在宅（　　）
- [ ] 8 早熟（　　）
- [ ] 9 改革（　　）
- [ ] 10 看病（　　）
- [ ] 11 無効（　　）
- [ ] 12 精密（　　）
- [ ] 13 翌年（　　）
- [ ] 14 育児（　　）

- [ ] 15 閉幕（　　）
- [ ] 16 厳守（　　）
- [ ] 17 価値（　　）
- [ ] 18 問答（　　）
- [ ] 19 善行（　　）
- [ ] 20 損益（　　）
- [ ] 21 無情（　　）
- [ ] 22 禁止（　　）
- [ ] 23 脳波（　　）
- [ ] 24 進退（　　）

---

5 **ウ** 家賃《やちん》「家の↓借り賃」

6 **ア** 得失《とくしつ》「得る」↕「失う」

7 **エ** 在宅《ざいたく》「いる↑自宅に」

8 **ウ** 早熟《そうじゅく》「早く↓熟す」

9 **イ** 改革《かいかく》どちらも「あらためる」

10 **エ** 看病《かんびょう》「みる↑病人を」

11 **オ** 無効《むこう》「効力がない」

12 **イ** 精密《せいみつ》どちらも「こまかい」

13 **ウ** 翌年《よくとし(よくねん)》「次の↓年」

14 **エ** 育児《いくじ》「育てる↑こどもを」

15 **エ** 閉幕《へいまく》「閉じる↑幕を」

16 **ウ** 厳守《げんしゅ》「厳しく↓守る」

17 **イ** 価値《かち》どちらも「あたい」

18 **ア** 問答《もんどう》「問う」↕「答える」

19 **ウ** 善行《ぜんこう》「善い↓行い」

20 **ア** 損益《そんえき》「損失」↕「利益」

21 **オ** 無情《むじょう》「情けがない」

22 **イ** 禁止《きんし》どちらも「とめる」

23 **ウ** 脳波《のうは》「脳の↓波長」

24 **ア** 進退《しんたい》「進む」↕「退く」

意味 8［早熟＝果物などの実が早く熟すこと。ませていること］

同じ読みの漢字 ①

20分で解こう！

20点以上とれれば合格！

得点 /28

次の——線のカタカナを漢字になおしなさい。

1 事件の真相をスイリする。（　　）

2 スイリにめぐまれた地域だ。（　　）

3 上司の出張におトモする。（　　）

4 弟とトモにとなりの町まで行く。（　　）

5 タンシンで敵地に乗りこんだ。（　　）

6 時計のタンシンがとれる。（　　）

7 プレゼントのホウソウ紙を破る。（　　）

8 校内ホウソウで呼びかける。（　　）

9 ドクソウ的な絵に感動する。（　　）

10 ピアノのドクソウが美しい曲。（　　）

11 新しいホウサクを考える。（　　）

12 今年はお米がホウサクだ。（　　）

解答

1 推理
2 水利
3 供
4 共
5 単身
6 短針
7 包装
8 放送
9 独創
10 独奏
11 方策
12 豊作

意味 2［水利＝水上輸送に便利なこと］ 他例 3［トモ＝友］

13 新しい場面がテンカイする。（　　）
14 進路を一八〇度テンカイする。（　　）
15 こん虫サイシュウをしに行く。（　　）
16 サイシュウ段階に達した。（　　）
17 イても立ってもいられない。（　　）
18 うまく的の真ん中をイた。（　　）
19 この問題ならヨウイに解ける。（　　）
20 夕食のヨウイをする。（　　）
21 日本のデントウ文化を守る。（　　）
22 部屋のデントウを消してねよう。（　　）
23 会社の業績がコウチョウだ。（　　）
24 運動して顔がコウチョウする。（　　）
25 朝の散歩をシュウカンにする。（　　）
26 今は交通安全シュウカンです。（　　）
27 病気が完治してタイインできた。（　　）
28 消防タイインが消火にあたる。（　　）

13	14	15	16	17	18	19	20	21	22	23	24	25	26	27	28
展開	転回	採集	最終	居	射	容易	用意	伝統	電灯	好調	紅潮	習慣	週間	退院	隊員

意味 17［居ても立ってもいられない＝じっとしていられない］ 24［紅潮＝顔が赤くなること］

よく
ねらわれる！
B

同じ読みの漢字 ②

20分で
解こう！

20点以上
とれれば
合格！

得点
/28

次の――線のカタカナを漢字になおしなさい。

1 医師の**シカク**を取得する。（　）
2 子供の**シカク**にうったえる。（　）
3 年末に**シュウシ**報告を行う。（　）
4 引き立て役に**シュウシ**する。（　）
5 会費を早めに**オサ**める。（　）
6 ようやく世の中が**オサ**まる。（　）
7 **シンゼン**で愛をちかう。（　）
8 外国で**シンゼン**試合に参加する。（　）
9 会員をイベントに**ユウタイ**する。（　）
10 社長が今年限りで**ユウタイ**する。（　）
11 **カンチョウ**で魚が陸に上がる。（　）
12 **カンチョウ**の職員を目指す。（　）

解答

1 資格
2 視覚
3 収支
4 終始
5 納
6 治
7 神前
8 親善
9 優待
10 勇退
11 干潮
12 官庁

意味 10［勇退＝後の人に地位をゆずるため自分からその職をやめること］

□ 13 （サイシン）の注意をはらう。
□ 14 （サイシン）式の機械を使う。
□ 15 （カゲキ）な運動はひかえなさい。
□ 16 テレビで（カゲキ）を楽しむ。
□ 17 歴史上の人物の（デンキ）を読む。
□ 18 （デンキ）自動車を運転する。
□ 19 この時計は（ホショウ）付きだ。
□ 20 国民の生活を（ホショウ）する。

□ 21 八百屋の（テントウ）に野菜が並ぶ。
□ 22 ビルの夜間照明が（テントウ）した。
□ 23 父は出版社に（ツト）めている。
□ 24 サービス向上に（ツト）める。
□ 25 旅行では時間を（ゲンシュ）しよう。
□ 26 国家（ゲンシュ）の発言に注目する。
□ 27 今日は雲一つない（カイセイ）だ。
□ 28 国会で法律が（カイセイ）された。

13 細心　14 最新　15 過激　16 歌劇　17 伝記　18 電気　19 保証　20 保障　21 店頭　22 点灯　23 勤　24 努　25 厳守　26 元首　27 快晴　28 改正

意味　13［細心＝注意深く、すみずみまで心を配ること］　他例　23［ツトメル＝務める］

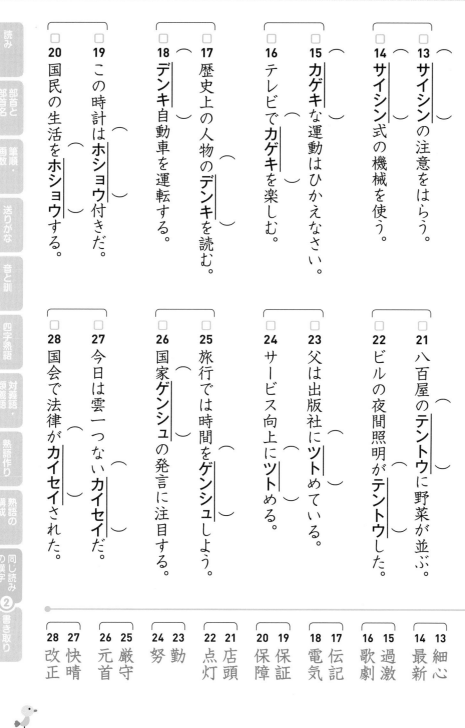

よく
ねらわれる！ B

書き取り①

20分で解こう！

20点以上とれれば合格！

得点
/28

次の――線のカタカナを漢字になおしなさい。

□ 1 **タンジュン**な計算ミス。（　）

□ 2 火遊びはとても**アブ**ない。（　）

□ 3 長かった**サイバン**が終わった。（　）

□ 4 公害**タイサク**が不十分だ。（　）

□ 5 あの人はとても**セイジツ**だ。（　）

□ 6 失敗の言い**ワケ**をしない。（　）

□ 7 店先に**リンジ**休業の札を出す。（　）

□ 8 切り**カブ**からきのこが生えている。（　）

□ 9 選挙で政治**カイカク**を主張する。（　）

□ 10 学校の**ソウリツ**記念誌を読む。（　）

□ 11 タイムが**チヂ**む走り方を習った。（　）

□ 12 **ジシャク**を使って方角を確認《かくにん》する。（　）

解答

1 単純　2 危　3 裁判　4 対策　5 誠実　6 訳　7 臨時　8 株　9 改革　10 創立　11 縮　12 磁石

他例 10［創設（そうせつ）］

□ 13 タカラ（　　）を探す旅に出る。

□ 14 ウンチン（　　）を前ばらいする。

□ 15 シャクハチ（　　）の音色を楽しむ。

□ 16 図書館で本を三サツ（　　）借りた。

□ 17 ムズカ（　　）しい問題を解く。

□ 18 ハゲ（　　）しい頭痛におそわれた。

□ 19 おじはノウ（　　）外科《げか》の医師だ。

□ 20 チョウジョウ（　　）付近は雨だった。

□ 21 家族と共に初日の出をオガ（　　）む。

□ 22 この地方は冬でもオンダン（　　）だ。

□ 23 道路に大きなアナ（　　）が空いた。

□ 24 たくさん歩いて足がボウ（　　）になった。

□ 25 サトウ（　　）で料理にあま味をつける。

□ 26 大シキュウ（　　）書類を送ってくれ。

□ 27 焼けあとのハイ（　　）を調べる。

□ 28 ジコ（　　）アピールの技術をみがく。

13 宝　14 運賃　15 尺八　16 冊　17 難　18 激　19 脳　20 頂上　21 拝　22 温暖　23 穴　24 棒　25 砂糖　26 至急　27 灰　28 自己

意味 24［足が棒になる＝長く歩き続けて、ひどく足がつかれる］

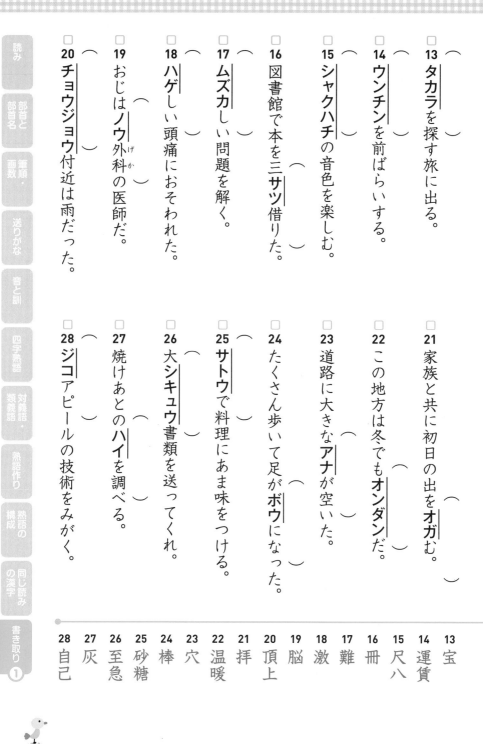

よく
ねらわれる！
B

書き取り②

20分で解こう！

20点以上とれれば合格！

得点
／28

次の――線のカタカナを漢字になおしなさい。

□1 キョウイを計測する。（　　）
□2 ジョウキ機関車が発車した。（　　）
□3 カタホウの道路が寸断された。（　　）
□4 水面に光がハンシャしている。（　　）
□5 ベニイロの美しいスカーフ。（　　）
□6 大臣が外国をホウモンする。（　　）
□7 シュウニュウが支出を上回る。（　　）
□8 イズミの水でコーヒーをいれる。（　　）
□9 この話はだれにもヒミツにしてね。（　　）
□10 運動会のヨクジツはお休みです。（　　）
□11 ゼンは急げと、すぐ行動に移した。（　　）
□12 この道路を進むと海にイタる。（　　）

解答
1 胸囲
2 蒸気
3 片方
4 反射
5 紅色
6 訪問
7 収入
8 泉
9 秘密
10 翌日
11 善
12 至

意味 11［善は急げ＝よいことは機会をのがさず、すぐに行えということ］

□ 13 予定の時間を**タンシュク**する。（　　）

□ 14 **タテ**書きでノートを取った。（　　）

□ 15 **キケン**な仕事にたずさわる。（　　）

□ 16 新しい**ナイカク**が成立した。（　　）

□ 17 **ゾウキ**移植について話し合う。（　　）

□ 18 遠くに山の**イタダキ**を望む。（　　）

□ 19 松島を**ユウラン**船で観光する。（　　）

□ 20 転んでひじに**キズ**を負った。（　　）

□ 21 **ナンミン**キャンプをおとずれる。（　　）

□ 22 空**モヨウ**があやしくなってきた。（　　）

□ 23 **ワタクシ**ごとで申し訳ありません。（　　）

□ 24 あわてて学校から**キタク**する。（　　）

□ 25 お手並みを**ハイケン**するとしよう。（　　）

□ 26 急な変化に自分の目を**ウタガ**う。（　　）

□ 27 予想とは**コト**なる結果が出た。（　　）

□ 28 風雨に備えて窓を**ホキョウ**する。（　　）

13 短縮　14 縦　15 危険　16 内閣　17 臓器　18 頂　19 遊覧　20 傷　21 難民　22 模様　23 私　24 帰宅　25 拝見　26 疑　27 異　28 補強

意味　21［難民＝災害や戦争をさけるため住んでいた土地をはなれた人びとのこと］

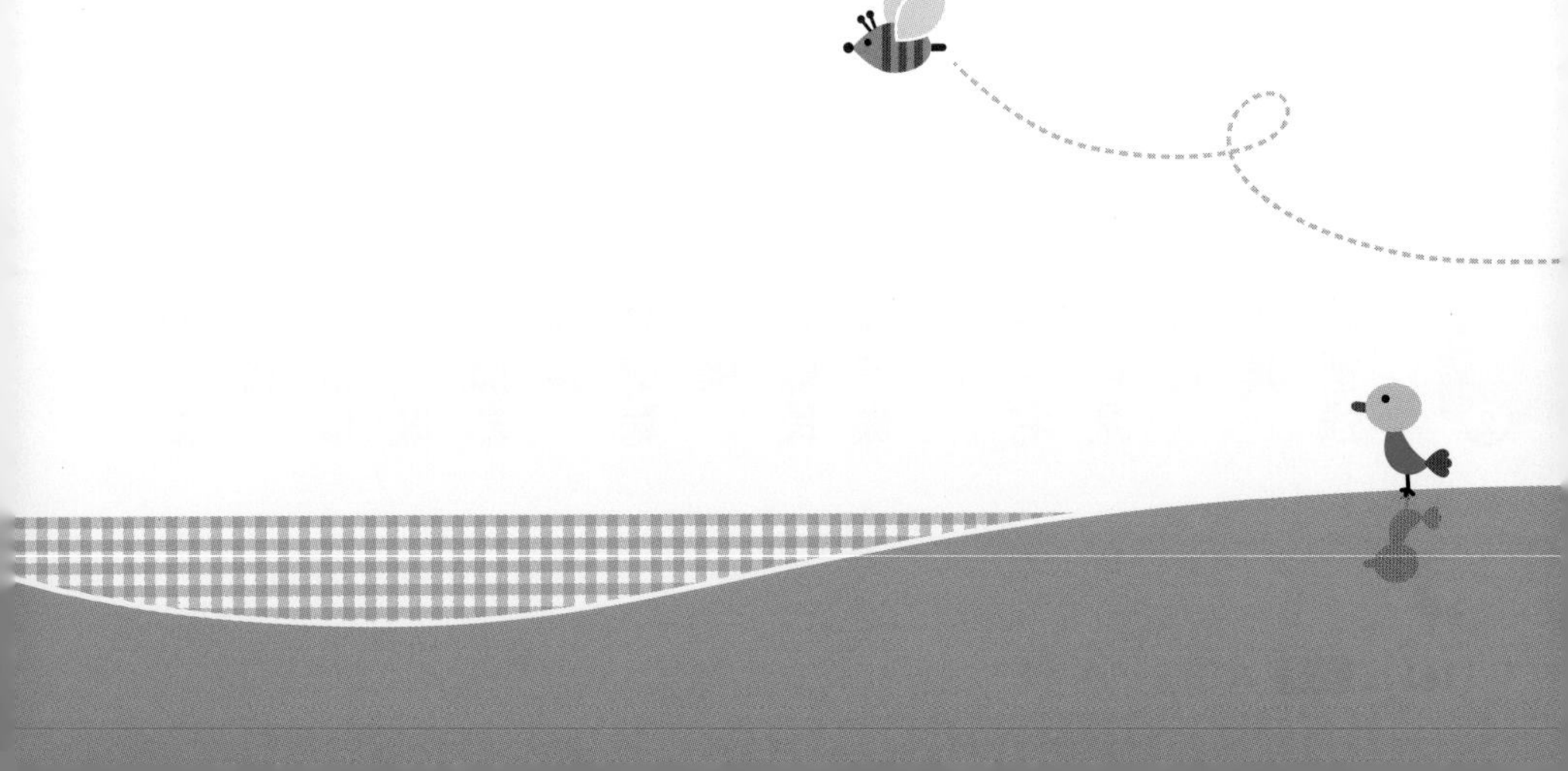

予想問題

本番形式の予想問題3回分

第1回 予想問題

制限時間 60分
合格点 140点
得点 ／200

1
次の――線の**漢字の読み**を**ひらがな**で書きなさい。

各1点 ／20

1 暖流にのって魚がくる。（　　）
2 縦と横の線で直角をつくる。（　　）
3 地球は太陽系の星だ。（　　）
4 資料を回覧する。（　　）
5 砂をかむような思いをする。（　　）
6 恩師の教えに従う。（　　）
7 人の起源に興味を持つ。（　　）
8 バイオリンの独奏をする。（　　）

2
次の漢字の**部首**と**部首名**を後の□の中から選び、**記号**で答えなさい。

各1点 ／10

例 草（あ）部首（ア）部首名

漢字	部首	部首名
閣	1（　）	2（　）
座	3（　）	4（　）
裁	5（　）	6（　）
幼	7（　）	8（　）
機	9（　）	10（　）

あ 艹　い 广　う 丶　え 幺　お 衣
か 戈　き 力　く 木　け 門　こ 人

9 牛の**腸**は人にくらべてとても長い。（　　）

10 **泉**のほとりで小鳥がさえずる。（　　）

11 朝焼けに町中が**染**まる。（　　）

12 最新の海底**探査**船が出航した。（　　）

13 アルコールランプで**蒸発**させる。（　　）

14 **至**れりつくせりの対応に満足する。（　　）

15 話の**骨子**を見ぬく。（　　）

16 パンからハチミツが**垂**れる。（　　）

17 友人と**樹氷**を見に行く。（　　）

18 顔色が悪いので**紅**をさす。（　　）

19 ピアノの**調律**をお願いする。（　　）

20 ししゅうの**針**が折れた。（　　）

ア くさかんむり　**イ** よう・いとがしら
ウ もんがまえ　**エ** ちから　**オ** まだれ
カ ほこづくり・ほこがまえ　**キ** ひと
ク てん　**ケ** こころも　**コ** きへん

3 次の漢字の**太い画**のところは**筆順の何画目**か、また**総画数は何画**か、算用数字（1、2、3…）で答えなさい。

各1点　／10

例　京　何画目（6）　総画数（8）

	何画目	総画数
存	1（　）	2（　）
誕	3（　）	4（　）
我	5（　）	6（　）
否	7（　）	8（　）
収	9（　）	10（　）

解答は162ページ

4 次の――線の**カタカナ**の部分を**漢字一字と送りがな（ひらがな）**になおしなさい。

各2点 /10

1 先生になって母校に**ツトメル**。（　　）

2 友人の力になろうと勇気を**フルウ**。（　　）

3 人の出入りが**ハゲシイ**。（　　）

4 **キビシイ**冬の寒さにたえる。（　　）

5 ゴミを取り**ノゾク**。（　　）

5 漢字の読みには**音**と**訓**があります。次の**熟語の読み**は□の中のどの組み合わせになっていますか。**ア**～**エ**の**記号**で答えなさい。

各2点 /20

ア 音と音　**イ** 音と訓　**ウ** 訓と訓　**エ** 訓と音

7 下の□の中のひらがなを漢字になおして、**対義語**（意味が反対や対《つい》になることば）と、**類義語**（意味がよくにたことば）を書きなさい。□の中のひらがなは**一度だけ**使い、**漢字一字**を書きなさい。

各2点 /20

対義語

1 延長―短（　　）

2 初秋―（　　）秋

3 外出―帰（　　）

4 地味―（　　）手

5 安易―（　　）難

類義語

6 開演―開（　　）

7 広告―（　　）伝

8 地区―地（　　）

9 不服―（　　）議

10 有名―（　　）名

い　いき　こん　しゅく　せん　たく　ちょ　は　ばん　まく

1 宝船（　　）
2 裏作（　　）
3 番組（　　）
4 憲法（　　）
5 試合（　　）
6 炭俵（　　）
7 忠告（　　）
8 生卵（　　）
9 札束（　　）
10 石段（　　）

6 次の**カタカナ**を**漢字**になおし、**一字だけ**書きなさい。

各2点　／20

1 学級日**シ**（　　）
2 一心不**ラン**（　　）
3 団体**ワリ**引（　　）
4 単**ジュン**明快（　　）
5 直**シャ**日光（　　）
6 **キョウ**土芸能（　　）
7 **セイ**人君子（　　）
8 晴**コウ**雨読（　　）
9 **ゾウ**器移植（　　）
10 天地**ソウ**造（　　）

8 後の□の中から漢字を選んで、次の意味にあてはまる**熟語**を作りなさい。答えは**記号**で書きなさい。

各2点　／10

例 本を読む。（読書）［オ／イ］

1 深いつながりがあること。
2 特定の人だけが使うこと。
3 心の中に持っている考え。
4 機械を動かすこと。
5 病人やけが人の世話をすること。

［　／　］［　／　］［　／　］［　／　］［　／　］

ア 作　イ 書　ウ 専　エ 接
オ 読　カ 腹　キ 操　ク 用
ケ 護　コ 密　サ 案　シ 看

解答は 162 ページ

9 漢字を二字組み合わせた熟語では、二つの漢字の間に意味の上で、次のような関係があります。

各2点 /20

ア 反対や対《つい》になる意味の字を組み合わせたもの（例…**長短**）
イ 同じような意味の字を組み合わせたもの（例…**身体**）
ウ 上の字が下の字の意味を説明（修飾《しゅうしょく》）しているもの（例…**黒板**）
エ 下の字から上の字へ返って読むと意味がよくわかるもの（例…**決心**）
オ 上の字が下の字の意味を打ち消しているもの（例…**不信**）

次の**熟語**は、右の**ア**～**オ**のどれにあたるか、**記号**で答えなさい。

1 無料（　　）
2 映写（　　）
3 往復（　　）
4 臨席（　　）
5 取捨（　　）
6 楽勝（　　）
7 育児（　　）
8 善良（　　）
9 脳波（　　）
10 開閉（　　）

11 次の――線の**カタカナ**を**漢字**になおしなさい。

各2点 /40

1 **コクモツ**をとりエネルギーにする。（　　）
2 手を合わせて**オガ**む。（　　）
3 帰ったらきれいに手を**アラ**う。（　　）
4 この**マドグチ**は五時までです。（　　）
5 兄は父を**ソンケイ**している。（　　）
6 **ウチュウ**からのメッセージ。（　　）
7 世をしのぶ仮の**スガタ**。（　　）
8 **ウンチン**を清算する。（　　）
9 ジュースを飲み**ホ**す。（　　）

10 次の——線のカタカナを漢字になおしなさい。

各2点 ／20

1 スポーツのサイテンを楽しむ。（　）
2 テストのサイテンをする。（　）
3 ジコ暗示をかける。（　）
4 ジコの原因をさぐる。（　）
5 コウソウマンションに住む。（　）
6 コウソウ十年の大作。（　）
7 美しい笛のネにききいる。（　）
8 ネに持ってはいけない。（　）
9 敵の城をホウイする。（　）
10 目的地のホウイを確かめる。（　）

11 校内放送をタントウする。（　）
12 ワカモノの話に耳をかたむける。（　）
13 サッカー部のシュショウになった。（　）
14 ハイザラを持ち歩く。（　）
15 未来へのテンボウが開ける。（　）
16 切りカブにこしを下ろす。（　）
17 できるならハイユウになりたい。（　）
18 いやなことは、ねてワスれる。（　）
19 人権問題についてトウロンする。（　）
20 重い荷物をアズける。（　）

解答は 162 ページ

第2回

予想問題

制限時間 60分

合格点 140点

得点 ／200

1 次の――線の**漢字の読み**を**ひらがな**で書きなさい。

各1点 ／20

1 片道だけキップを買っておく。（　　）
2 国会図書館所蔵の資料。（　　）
3 ごうかなごちそうを頂く。（　　）
4 簡潔に説明しなさい。（　　）
5 天守閣から町を見わたす。（　　）
6 本当かどうか疑わしい。（　　）
7 ハンカチの落とし主を探す。（　　）
8 けんかを見事に裁く。（　　）

2 次の漢字の**部首**と**部首名**を後の□の中から選び、**記号**で答えなさい。

各1点 ／10

	部首	部首名
例 草	（こ）	（オ）
憲	1（　）	2（　）
賃	3（　）	4（　）
冊	5（　）	6（　）
創	7（　）	8（　）
層	9（　）	10（　）

あ 冫　い 宀　う 冂　え 一　お 尸
か 口　き 刂　く 心　け 貝　こ 艹

9 かれの欠席は大きな**痛手**だ。（　）

10 上ばきを自分で**洗**う。（　）

11 **著者**がサイン会を行った。（　）

12 かれは長年ぼくの**好敵手**だ。（　）

13 雨でも**延期**にはならない。（　）

14 穴のあいた**障子**を張りかえる。（　）

15 明けても**暮**れても勉強ばかり。（　）

16 古い雑誌を**処分**する。（　）

17 生徒に協力を**呼**びかける。（　）

18 学びたいという**意欲**が大切だ。（　）

19 あえて**異論**をとなえる。（　）

20 赤ちゃんを**背負**うお母さん。（　）

ア かい・こがい　イ うかんむり　ウ にすい
エ かばね・しかばね　オ くさかんむり
カ どうがまえ・けいがまえ・まきがまえ
キ くち　ク ひ　ケ こころ　コ りっとう

3 次の漢字の**太い画**のところは**筆順の何画目**か、また**総画数は何画**か、**算用数**字（1、2、3…）で答えなさい。

各1点　／10

例 京　何画目（6）総画数（8）

	何画目	総画数
若	（1）	（2）
善	（3）	（4）
俳	（5）	（6）
至	（7）	（8）
染	（9）	（10）

解答は 164 ページ

4 次の――線の**カタカナ**の部分を**漢字一字と送りがな（ひらがな）**になおしなさい。

各2点 /10

1 その考えは**オサナイ**。（　　）

2 **アヤマリ**を正す勇気を持つ。（　　）

3 歴史ある山寺を**タズネル**。（　　）

4 仏様のお顔を**オガム**。（　　）

5 勉強不足な点を**オギナウ**。（　　）

5 漢字の読みには**音**と**訓**があります。次の**熟語の読み**は□の中のどの組み合わせになっていますか。**ア**～**エ**の**記号**で答えなさい。

各2点 /20

ア 音と音　**イ** 音と訓　**ウ** 訓と訓　**エ** 訓と音

---

7 下の□の中のひらがなを漢字になおして、**対義語**（意味が反対や対《つい》になることば）と、**類義語**（意味がよくにたことば）を書きなさい。□の中のひらがなは**一度だけ**使い、**漢字一字**を書きなさい。

各2点 /20

対義語

1 冷静―興（　）

2 定例―（　）時

3 発散―（　）収

4 複雑―単（　）

5 過去―（　）来

類義語

6 自分―自（　）

7 方法―手（　）

8 努力―（　）勉

9 実直―（　）実

10 快活―明（　）

きゅう　きん　こ　じゅん　しょう　せい　だん　ふん　りん　ろう

1 温泉（　　）
2 巻物（　　）
3 株式（　　）
4 今晩（　　）
5 移民（　　）
6 夕刊（　　）
7 格安（　　）
8 手帳（　　）
9 胃腸（　　）
10 針箱（　　）

6 次の**カタカナ**を**漢字**になおし、**一字だけ**書きなさい。

各2点 ／20

1 人口**ミツ**度（　　）
2 加減乗**ジョ**（　　）
3 **セン**売特許（　　）
4 **ユウ**先順位（　　）
5 無理**ナン**題（　　）
6 災害対**サク**（　　）
7 世界**イ**産（　　）
8 完全**カン**護（　　）
9 主**ケン**在民（　　）
10 実力発**キ**（　　）

8 後の□の中から漢字を選んで、次の意味にあてはまる**熟語**を作りなさい。答えは**記号**で書きなさい。

例 本を読む。（読書）**イ サ**

各2点 ／10

1 役目につくこと。
2 団体になかま入りすること。
3 おおぜいの人のちえ。
4 人目をひくほどはなやかなこと。
5 まじめにつとめるようす。

ア 就	イ 読	ウ 衆	エ 実
オ 手	カ 任	キ 加	ク 盟
ケ 知	コ 派	サ 書	シ 忠

9 漢字を二字組み合わせた熟語では、二つの漢字の間に意味の上で、次のような関係があります。

各2点 ／20

ア 反対や対《つい》になる意味の字を組み合わせたもの（例…**長短**）
イ 同じような意味の字を組み合わせたもの（例…**身体**）
ウ 上の字が下の字の意味を説明（修飾《しゅうしょく》）しているもの（例…**黒板**）
エ 下の字から上の字へ返って読むと意味がよくわかるもの（例…**決心**）

次の**熟語**は、右の**ア**～**エ**のどれにあたるか、**記号**で答えなさい。

1 存在（　）
2 国宝（　）
3 困苦（　）
4 閉幕（　）
5 収支（　）
6 尊敬（　）
7 保健（　）
8 永久（　）
9 恩師（　）
10 増減（　）

11 次の――線の**カタカナ**を**漢字**になおしなさい。

各2点 ／40

1 **カイコ**にクワの葉を与える。（　）
2 新しい曲の**カシ**を覚える。（　）
3 会わなくても電話で**ス**む話。（　）
4 たばこを**ス**うのは体によくない。（　）
5 気持ちが**ミダ**れる。（　）
6 妹と**エイガ**を見に行く。（　）
7 手術の**ヨクジツ**には退院できた。（　）
8 **アブ**ない話にはのらない。（　）
9 **カンダン**の差が大きい地方。（　）

10 次の——線の**カタカナ**を**漢字**になおしなさい。

各2点 ／20

1 先生の手もとを**チュウシ**する。（　　）
2 遠足は雨で**チュウシ**になった。（　　）
3 パラシュートで**コウカ**する。（　　）
4 この薬は実に**コウカ**的だ。（　　）
5 **シボウ**校の説明会に参加する。（　　）
6 病院で**シボウ**が確認《かくにん》された。（　　）
7 **ゲンキン**の持ち合わせがない。（　　）
8 ここは火気**ゲンキン**だ。（　　）
9 私は良き**トモ**にめぐまれている。（　　）
10 父のお**トモ**で京都へ行く。（　　）

10 **ハイ**は胸部の大部分をしめる。（　　）
11 武器を**ス**てる勇気を持とう。（　　）
12 **ノウ**は平均およそ千三百グラム。（　　）
13 敵の**ウラ**をかく作戦。（　　）
14 自分の良心に**シタガ**う。（　　）
15 ピクニックに**ケイソウ**で出かける。（　　）
16 **ハラ**がへってはいくさはできぬ。（　　）
17 百年変わらず時を**キザ**む時計。（　　）
18 王が勝利を**センゲン**した。（　　）
19 **ガイロジュ**がライトアップされた。（　　）
20 **シュクシャク**五万分の一の地図。（　　）

解答は 164 ページ

第3回 予想問題

制限時間 60分
合格点 140点
得点 ／200

1

次の――線の漢字の読みをひらがなで書きなさい。

各1点 ／20

1 プレゼントが届く。（　　）
2 王座にのぼりつめた。（　　）
3 裏山を散策する。（　　）
4 昔から伝承されてきた祭りだ。（　　）
5 純白のウエディングドレスを着る。（　　）
6 内訳をはっきりさせる。（　　）
7 満腹でこれ以上は食べられない。（　　）
8 人気の店のランチに並ぶ。（　　）

2

次の漢字の部首と部首名を後の□の中から選び、記号で答えなさい。

各1点 ／10

	部首	部首名
例 草	（お）	（ク）
窓	1（　）	2（　）
署	3（　）	4（　）
延	5（　）	6（　）
欲	7（　）	8（　）
脳	9（　）	10（　）

あ 月　い 罒　う 宀　え 廴　お 艹
か 月　き 心　く 欠　け 皿　こ 穴

9 山の**秘境**を探検する。（　　）

10 **胸**がドキドキする。（　　）

11 ぼくには大切な**相棒**がいる。（　　）

12 成功を**収**めるようがんばる。（　　）

13 **高層**マンションが建てられた。（　　）

14 **穴**があれば入りたい。（　　）

15 父の**遺志**をついで医者になる。（　　）

16 税金を**納**める。（　　）

17 親鳥が**卵**をあたためている。（　　）

18 目上のかたを**敬**う。（　　）

19 それは的を**射**た意見だ。（　　）

20 **大規模**な開発が始まる。（　　）

ア あくび・かける　イ うかんむり　ウ つき
エ さら　オ あみがしら・あみめ・よこめ
カ えんにょう　キ あなかんむり
ク くさかんむり　ケ こころ　コ にくづき

3 次の漢字の**太い画**のところは**筆順の何画目**か、また**総画数は何画**か、**算用数字**（1、2、3…）で答えなさい。

各1点　／10

例 京　何画目（6）総画数（8）

	何画目	総画数
蔵	1（　）	2（　）
傷	3（　）	4（　）
冊	5（　）	6（　）
郷	7（　）	8（　）
机	9（　）	10（　）

解答は166ページ

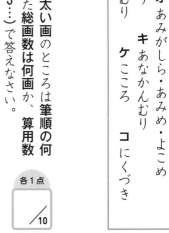

4 次の――線の**カタカナ**の部分を**漢字一字と送りがな（ひらがな）**になおしなさい。

各2点 /10

1 実験結果が**コトナル**。（　　）

2 人の心を察するのは**ムズカシイ**。（　　）

3 のんびりとつり糸を**タラス**。（　　）

4 なんでも**ウタガウ**のはよくない。（　　）

5 あっという間に一日が**クレル**。（　　）

5 漢字の読みには**音**と**訓**があります。次の**熟語の読み**は□の中のどの組み合わせになっていますか。**ア**～**エ**の**記号**で答えなさい。

各2点 /20

ア 音と音	**イ** 音と訓	**ウ** 訓と訓	**エ** 訓と音

---

7 下の□の中のひらがなを漢字になおして、**対義語**（意味が反対や対《つい》になることば）と、**類義語**（意味がよくにたことば）を書きなさい。□の中のひらがなは**一度だけ**使い、**漢字一字**を書きなさい。

各2点 /20

対義語

1 拡大―（　　）小

2 理想―（　　）実

3 死亡―（　　）生

4 義務―（　　）利

5 正面―（　　）面

類義語

6 真心―（　　）意

7 刊行―出（　　）

8 入会―加（　　）

9 永遠―永（　　）

10 進歩―発（　　）

きゅう	けん	げん	しゅく	せい	たん	てん	はい	ぱん	めい

1 口紅（　　）
2 布地（　　）
3 穀類（　　）
4 新型（　　）
5 骨身（　　）
6 宝庫（　　）
7 軍手（　　）
8 宗教（　　）
9 絵巻（　　）
10 植木（　　）

6 次の**カタカナ**を**漢字**になおし、**一字だけ**書きなさい。

各2点　／20

1 実験**ソウ**置（　　）
2 **エン**岸漁業（　　）
3 書留**ユウ**便（　　）
4 **スイ**理小説（　　）
5 政**トウ**政治（　　）
6 人気絶**チョウ**（　　）
7 四**シャ**五入（　　）
8 月刊雑**シ**（　　）
9 国際親**ゼン**（　　）
10 社会保**ショウ**（　　）

8 後の□の中から漢字を選んで、次の意味にあてはまる**熟語**を作りなさい。答えは**記号**で書きなさい。

各2点　／10

例 本を読む。（読書）　オ カ

1 とても大切なこと。
2 名がよく知られていること。
3 短くてよくまとまっていること。
4 仕事や責任を引き受けること。
5 ほかよりもいきおいがいいこと。

ア 潔　イ 負　ウ 重　エ 貴
オ 読　カ 書　キ 簡　ク 勢
ケ 名　コ 著　サ 優　シ 担

解答は166ページ

9 漢字を二字組み合わせた熟語では、二つの漢字の間に意味の上で、次のような関係があります。

各2点 ／20

ア 反対や対《つい》になる意味の字を組み合わせたもの（例…**長短**）
イ 同じような意味の字を組み合わせたもの（例…**身体**）
ウ 上の字が下の字の意味を説明（修飾《しゅうしょく》）しているもの（例…**黒板**）
エ 下の字から上の字へ返って読むと意味がよくわかるもの（例…**決心**）
オ 上の字が下の字の意味を打ち消しているもの（例…**不信**）

次の**熟語**は、右の**ア**～**オ**のどれにあたるか、**記号**で答えなさい。

1 古銭（　　）
2 無事（　　）
3 減税（　　）
4 公私（　　）
5 温暖（　　）

6 絹糸（　　）
7 破損（　　）
8 幼虫（　　）
9 帰宅（　　）
10 自己（　　）

11 次の――線の**カタカナ**を**漢字**になおしなさい。

各2点 ／40

1 野菜が**ネ**上がりしている。（　　）
2 限りある**シゲン**を大切にしよう。（　　）
3 接戦が続いて**モ**り上がる。（　　）
4 大雨で道が**スンダン**された。（　　）
5 **ハンチョウ**をくじで決めた。（　　）
6 **コンバン**のおかずを考える。（　　）
7 食べすぎておなかが**イタ**い。（　　）
8 **ワレ**と思わん者は名のり出よ。（　　）
9 来月**ホウモン**する予定だ。（　　）

10 次の——線の**カタカナ**を**漢字**になおしなさい。

各2点 ／20

1 母と**カンゲキ**の予定を立てる。（　　）
2 本を読んで**カンゲキ**した。（　　）
3 交通費が**シキュウ**される。（　　）
4 大**シキュウ**、電話してください。（　　）
5 **セイヨウ**の美術品を見に行く。（　　）
6 自宅で**セイヨウ**する。（　　）
7 鏡に顔を**ウツ**す。（　　）
8 手本を見ながら書き**ウツ**す。（　　）
9 **トウブン**をひかえる。（　　）
10 **トウブン**の間休みます。（　　）

10 母の手料理に**シタ**つづみを打つ。（　　）
11 子供が集まる**スナバ**。（　　）
12 **スジ**のとおった話をする。（　　）
13 世界に**ミト**められた技術力。（　　）
14 立ち入り禁止**クイキ**。（　　）
15 **キビ**しく指導する。（　　）
16 ことを**ケイシ**すると失敗する。（　　）
17 **ガッソウ**コンクールに参加した。（　　）
18 夕日で町が赤く**ソ**まる。（　　）
19 負けそうなチームを**フンキ**させる。（　　）
20 名店が百年の歴史に**マク**を下ろす。（　　）

解答は166ページ

（　）内は解答の補足です。

1 読み

各1点 計20点

1 だんりゅう
2 たて
3 けい
4 かいらん
5 すな
6 したが（う）
7 きげん
8 どくそう
9 ちょう
10 いずみ
11 そ（まる）
12 たんさ
13 じょうはつ
14 いた（れり）
15 こつし
16 た（れる）
17 じゅひょう
18 べに
19 ちょうりつ
20 はり

4 送りがな

各2点 計10点

1 勤《つと》める
2 奮《ふる》う
3 激《はげ》しい
4 厳《きび》しい
5 除《のぞ》く

5 音と訓

各2点 計20点

1 ウ（たから＋ぶね）
2 エ（うら＋サク）
3 イ（バン＋ぐみ）
4 ア（ケン＋ポウ）
5 イ（シ＋あい）
6 ウ（すみ＋だわら）
7 ア（チュウ＋コク）
8 ウ（なま＋たまご）
9 イ（サツ＋たば）
10 エ（いし＋ダン）

8 熟語作り

各2点 計10点

1 コ・エ（密接《みっせつ》）
2 ウ・ク（専用《せんよう》）
3 カ・サ（腹案《ふくあん》）
4 キ・ア（操作《そうさ》）
5 シ・ケ（看護《かんご》）

9 熟語の構成

各2点 計20点

1	2	3	4	5
オ	イ	ア	エ	ア
6	7	8	9	10
ウ	エ	イ	ウ	ア

1 読み

5 砂をかむよう＝おもしろみがなく、味気ないこと。
14 至れりつくせり＝何もかもよくゆきとどいている。
15 骨子＝一番大事な点。要点。

2 部首と部首名

7 幼…幺（よう・いとがしら）
配当漢字内では幼のみ。

3 筆順・画数

5 ニ 2　手 4　找 5　我 6　我 7
9 丨 1　丩 2　収 3　収 4

6 四字熟語

3 団体割引＝団体利用するときに料金が安くなること。
5 直射日光＝直接あたる太陽の光。

7 対義語・類義語

9 不服＝不満なこと。
異議＝反対やちがう意見。

2 部首と部首名

各1点 計10点

1	2	3	4	5	6	7	8	9	10
け	ウ	い	オ	お	ケ	え	イ	く	コ
（門）	（もんがまえ）	（广）	（まだれ）	（衣）	（ころも）	（幺）	（よう・いとがしら）	（木）	（きへん）

3 筆順・画数

各1点 計10点

1	2	3	4	5	6	7	8	9	10
2	6	9	15	4	7	3	7	2	4

6 四字熟語

各2点 計20点

1 （学《がっ》級《きゅう》日《にっ》）誌《し》
2 （一《いっ》心《しん》不《ふ》）乱《らん》
3 （団《だん》体《たい》）割《わり》（引《びき》）
4 （単《たん》）純《じゅん》（明《めい》快《かい》）
5 （直《ちょく》）射《しゃ》（日《にっ》光《こう》）
6 郷《きょう》（土《ど》芸《げい》能《のう》）
7 聖《せい》（人《じん》君《くん》子《し》）
8 （晴《せい》）耕《こう》（雨《う》読《どく》）
9 臓《ぞう》（器《き》移《い》植《しょく》）
10 （天《てん》地《ち》）創《そう》（造《ぞう》）

7 対義語・類義語

各2点 計20点

1 （短《たん》）縮《しゅく》
2 晩《ばん》（秋《しゅう》）
3 （帰《き》）宅《たく》
4 派《は》（手《で》）
5 困《こん》（難《なん》）
6 （開《かい》）幕《まく》
7 宣《せん》（伝《でん》）
8 （地《ち》）域《いき》
9 異《い》（議《ぎ》）
10 著《ちょ》（名《めい》）

10 同じ読みの漢字

各2点 計20点

1 祭《さい》典《てん》
2 採《さい》点《てん》
3 自《じ》己《こ》
4 事《じ》故《こ》
5 高《こう》層《そう》
6 構《こう》想《そう》
7 音《ね》
8 根《ね》
9 包《ほう》囲《い》
10 方《ほう》位《い》

11 書き取り

各2点 計40点

1 穀《こく》物《もつ》
2 拝《おが》（む）
3 洗《あら》（う）
4 窓《まど》口《ぐち》
5 尊《そん》敬《けい》
6 宇《う》宙《ちゅう》
7 姿《すがた》
8 運《うん》賃《ちん》
9 干《ほ》（す）
10 補《おぎな》（う）
11 担《たん》当《とう》
12 若《わか》者《もの》
13 主《しゅ》将《しょう》
14 灰《はい》皿《ざら》
15 展《てん》望《ぼう》
16 株《かぶ》
17 俳《はい》優《ゆう》
18 忘《わす》（れる）
19 討《とう》論《ろん》
20 預《あず》（ける）

---

8 熟語作り

3 腹案　腹＝心の中。案＝考えていること。

9 熟語の構成

1 無料＝「料金がない」と考える。

4 臨席＝「のぞむ↑席に」と考える。「出席」の改まった言い方。

6 楽勝＝「楽に↓勝つ」と考える。

10 同じ読みの漢字

1 祭典＝はなやかで大がかりなもよおしもの。祭り。

8 根に持つ＝いつまでもうらみに思ってわすれないこと。

9 包囲＝周りを取り囲むこと。

10 方位＝東西南北などの方向。

11 書き取り

11 担当＝受け持つこと。

15 展望＝広く遠くまで見わたすこと。

予想問題　解答と解説

1 読み

各1点　計20点

1 かたみち
2 しょぞう
3 いただ(く)
4 かんけつ
5 てんしゅかく
6 うたが(わしい)
7 さが(す)
8 さば(く)
9 いたで
10 あら(う)
11 ちょしゃ
12 こうてきしゅ
13 えんき
14 しょうじ
15 く(れ)
16 しょぶん
17 よ(び)
18 いよく
19 いろん
20 せお(う)

4 送りがな

各2点　計10点

1 幼《おさな》い
2 誤《あやま》り
3 訪《たず》ねる
4 拝《おが》む
5 補《おぎな》う

5 音と訓

各2点　計20点

1 ア（オン＋セン）
2 ウ（まき＋もの）
3 エ（かぶ＋シキ）
4 ア（コン＋バン）
5 ア（イ＋ミン）
6 エ（ゆう＋カン）
7 イ（カク＋やす）
8 エ（て＋チョウ）
9 ア（イ＋チョウ）
10 ウ（はり＋ばこ）

8 熟語作り

各2点　計10点

1 ア・カ（就任《しゅうにん》）
2 キ・ク（加盟《かめい》）
3 ウ・ケ（衆知《しゅうち》）
4 コ・オ（派手《はで》）
5 シ・エ（忠実《ちゅうじつ》）

9 熟語の構成

各2点　計20点

1	2	3	4	5
イ	ウ	イ	エ	ア
6	**7**	**8**	**9**	**10**
イ	エ	イ	ウ	ア

（　）内は解答の補足です。

1 読み

2 所蔵＝しまって、持っていること。
5 天守閣＝日本の城にある、一番高い建物で、外の様子を見るための物見やぐら。
12 好敵手＝試合や勝負などで、力量が同じくらいのよい競争相手。ライバル。
15 明けても暮れても＝同じことを毎日続けるさま。年がら年中。
19 異論＝ほかの人とちがう意見・論。

3 筆順・画数

1 艹 3　⺿ノ 4　⺿ナ 5　⺿ナ丨 6　若 8
5 亻丨 3　亻彐 6　亻彐丨 7　亻非 8　俳 10

5 音と訓

5 移民＝ほかの国に移り住むこと。また、その人々。

6 四字熟語

3 専売特許＝その人の特技。得意としていること。
7 世界遺産＝国際的に認められた自然や文化財。

2 部首と部首名

各1点 計10点

1. く（心）
2. ケ（こころ）
3. け（貝）
4. ア（かい・こがい）
5. う（冂）
6. カ（どうがまえ・けいがまえ・まきがまえ）
7. き（刂）
8. コ（りっとう）
9. お（尸）
10. エ（かばね・しかばね）

3 筆順・画数

各1点 計10点

1	2	3	4	5	6	7	8	9	10
5	8	9	12	7	10	5	6	5	9

6 四字熟語

各2点 計20点

1. （人《じん》口《こう》）密《みつ》（度《ど》）
2. （加《か》減《げん》乗《じょう》）除《じょ》
3. 専《せん》（売《ばい》特《とっ》許《きょ》）
4. 優《ゆう》（先《せん》順《じゅん》位《い》）
5. （無《む》理《り》）難《なん》（題《だい》）
6. （災《さい》害《がい》対《たい》）策《さく》
7. （世《せ》界《かい》）遺《い》（産《さん》）
8. （完《かん》全《ぜん》）看《かん》（護《ご》）
9. （主《しゅ》）権《けん》（在《ざい》民《みん》）
10. （実《じつ》力《りょく》発《はっ》）揮《き》

7 対義語・類義語

各2点 計20点

1. （興《こう》）奮《ふん》
2. 臨《りん》（時《じ》）
3. 吸《きゅう》（収《しゅう》）
4. （単《たん》）純《じゅん》
5. 将《しょう》（来《らい》）
6. （自《じ》）己《こ》
7. （手《しゅ》）段《だん》
8. 勤《きん》（勉《べん》）
9. 誠《せい》（実《じつ》）
10. （明《めい》）朗《ろう》

10 同じ読みの漢字

各2点 計20点

1. 注《ちゅう》視《し》
2. 中《ちゅう》止《し》
3. 降《こう》下《か》
4. 効《こう》果《か》
5. 志《し》望《ぼう》
6. 死《し》亡《ぼう》
7. 現《げん》金《きん》
8. 厳《げん》禁《きん》
9. 友《とも》
10. 供《とも》

11 書き取り

各2点 計40点

1. 蚕《かいこ》
2. 歌《か》詞《し》
3. 済《す》（む）
4. 吸《す》（う）
5. 乱《みだ》（れる）
6. 映《えい》画《が》
7. 翌《よく》日《じつ》
8. 危《あぶ》（ない）
9. 寒《かん》暖《だん》
10. 肺《はい》
11. 捨《す》（てる）
12. 脳《のう》
13. 裏《うら》
14. 従《したが》（う）
15. 軽《けい》装《そう》
16. 腹《はら》
17. 刻《きざ》（む）
18. 宣《せん》言《げん》
19. 街《がい》路《ろ》樹《じゅ》
20. 縮《しゅく》尺《しゃく》

---

7 対義語・類義語

2 定例＝いつも決まっている事がら。類義語は通常。
臨時＝日時などが決まっていないで必要なときに行うこと。

8 熟語作り

7 衆知　衆＝多くの人。知＝ちえ。

9 熟語の構成

7 保健＝「保つ←健康を」と考える。

11 書き取り

13 裏をかく＝相手の計略を見ぬいて、予想外の行動をして相手を出しぬくこと。

15 軽装＝身軽で簡単な服装。

19 街路樹＝町の通りに沿って植えてある木。

20 縮尺＝実物より縮小してかくこと。その比率。

第3回

予想問題　解答と解説

（　）内は解答の補足です。

1 読み

各1点　計20点

1 とど(く)
2 おうざ
3 さんさく
4 でんしょう
5 じゅんぱく
6 うちわけ
7 まんぷく
8 なら(ぶ)
9 ひきょう
10 むね
11 あいぼう
12 おさ(める)
13 こうそう
14 あな
15 いし
16 おさ(める)
17 たまご
18 うやま(う)
19 い(た)
20 だいきぼ

4 送りがな

各2点　計10点

1 異《こと》なる
2 難《むずか》しい
3 垂《た》らす
4 疑《うたが》う
5 暮《く》れる

5 音と訓

各2点　計20点

1 ウ（くち＋べに）
2 エ（ぬの＋ジ）
3 ア（コク＋ルイ）
4 イ（シン＋がた）
5 ウ（ほね＋み）
6 ア（ホウ＋コ）
7 イ（グン＋て）
8 ア（シュウ＋キョウ）
9 イ（エ＋まき）
10 ウ（うえ＋き）

8 熟語作り

各2点　計10点

1 エ・ウ（貴重《きちょう》）
2 コ・ケ（著名《ちょめい》）
3 キ・ア（簡潔《かんけつ》）
4 イ・シ（負担《ふたん》）
5 サ・ク（優勢《ゆうせい》）

9 熟語の構成

各2点　計20点

1	2	3	4	5
ウ	オ	エ	ア	イ
6	7	8	9	10
ウ	イ	ウ	エ	イ

---

1 読み

3 散策＝ぶらぶらと目的もなく歩くこと。

7 満腹＝おなかがいっぱいになること。

15 遺志＝死んだ人が生前果たそうとしていたこころざし。

19 的を射る＝うまく要点をつかむこと。

3 筆順・画数

3

7

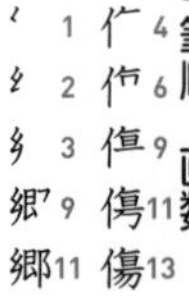

6 四字熟語

1 実験装置＝実験をするための道具や設備。

3 書留郵便＝届けたことの記録が残る郵便。

10 社会保障＝国が国民の最低限の生活を守る制度。

7 対義語・類義語

2 理想＝それが最も良いと考えられる目標。

2 部首と部首名

各1点　計10点

	1	2	3	4	5	6	7	8	9	10
	こ（穴）	キ（あなかんむり）	い（罒）	オ（あみがしら・あみめ・よこめ）	え（殳）	カ（えんにょう）	く（欠）	ア（あくび・かける）	か（月）	コ（にくづき）

3 筆順・画数

各1点　計10点

1	2	3	4	5	6	7	8	9	10
13	15	11	13	5	5	3	11	6	6

6 四字熟語

各2点　計20点

1 （実験《じっけん》）装《そう》（置《ち》）
2 沿《えん》（岸漁業《がんぎょぎょう》）
3 （書留《かきとめ》）郵《ゆう》（便《びん》）
4 推《すい》（理小説《りしょうせつ》）
5 （政《せい》）党《とう》（政治《せいじ》）
6 （人気《にんき》）絶《ぜっ》頂《ちょう》
7 （四《し》）捨《しゃ》（五入《ごにゅう》）
8 （月刊雑《げっかんざっ》）誌《し》
9 （国際親《こくさいしん》）善《ぜん》
10 （社会保《しゃかいほ》）障《しょう》

7 対義語・類義語

各2点　計20点

1 縮《しゅく》（小《しょう》）
2 現《げん》（実《じつ》）
3 誕《たん》（生《じょう》）
4 権《けん》（利《り》）
5 背《はい》（面《めん》）
6 誠《せい》（意《い》）
7 （出《しゅっ》）版《ぱん》
8 （加《か》）盟《めい》
9 （永《えい》）久《きゅう》
10 （発《はっ》）展《てん》

10 同じ読みの漢字

各2点　計20点

1 観劇《かんげき》
2 感激《かんげき》
3 支給《しきゅう》
4 至急《しきゅう》
5 西洋《せいよう》
6 静養《せいよう》
7 映《うつ》（す）
8 写《うつ》（す）
9 糖分《とうぶん》
10 当分《とうぶん》

11 書き取り

各2点　計40点

1 値《ね》
2 資源《しげん》
3 盛《も》（り）
4 寸断《すんだん》
5 班長《はんちょう》
6 今晩《こんばん》
7 痛《いた》（い）
8 我《われ》
9 訪問《ほうもん》
10 舌《した》
11 砂場《すなば》
12 筋《すじ》
13 認《みと》（め）
14 区域《くいき》
15 厳《きび》（しく）
16 軽視《けいし》
17 合奏《がっそう》
18 染《そ》（まる）
19 奮起《ふんき》
20 幕《まく》

現実＝目の前にある確かな物事。

5 正面＝真っすぐ前。
背面＝後ろ。

9 永遠・永久の類義語は長久、万世《ばんせい》、とこしえなどがある。

9 熟語の構成

2 無事＝「事件がない」と考える。

3 減税＝「減らす↑税を」と考える。

7 破損＝どちらも「そこなう」と考える。

10 同じ読みの漢字

5 西洋＝ヨーロッパやアメリカ諸国のこと。

6 静養＝心身を静かに休めて病気やつかれをいやすこと。

10 当分＝しばらくの間。

11 書き取り

10 舌つづみを打つ＝あまりのおいしさに舌を鳴らすこと。

16 軽視＝物事の価値やえいきょう力などを軽く考えること。

20 幕を下ろす＝物事を終わらせること。

問題は156ページ

4級 チャレンジテスト

制限時間 60分

合格点 140点

得点 ／200

1 次の――線の**漢字の読み**を**ひらがな**で記せ。

各1点 ／30

1 規範を守って生活する。（　　）
2 世界平和を祈念する。（　　）
3 絶叫マシンが大好きだ。（　　）
4 真紅の口紅をぬる。（　　）
5 壁面は落書きであふれていた。（　　）
6 クイズに参加して賞金を獲得する。（　　）
7 家を売却して地方に越す。（　　）
8 運動会についての連絡網がくる。（　　）
9 法に抵触してしまうだろう。（　　）
10 この場所はすべて禁煙です。（　　）
11 隣人への郵便を預かる。（　　）
12 プールの監視員をしている。（　　）

2 次の――線の**カタカナ**にあてはまる漢字をそれぞれの**ア～オ**から**一つ**選び、**記号**を記せ。

各2点 ／30

1 多くの才人をハイ出している。（　　）
2 ハイ後に気配を感じた。（　　）
3 落ち葉を季語にハイ句をよんだ。（　　）
（**ア** 俳　**イ** 配　**ウ** 輩　**エ** 背　**オ** 肺）

4 この小説の設定はム盾だらけだ。（　　）
5 君の考えはム想でしかない。（　　）
6 遠くでム笛が聞こえる。（　　）
（**ア** 無　**イ** 矛　**ウ** 霧　**エ** 務　**オ** 夢）

7 ガラスをスかして見た。（　　）
8 池の水がスんでいる。（　　）
9 スんだことは気にするな。（　　）
（**ア** 済　**イ** 透　**ウ** 巣　**エ** 住　**オ** 澄）

13 彼は映画界の鬼才だ。（　　）
14 火山から溶岩が噴出した。（　　）
15 プラスチックは合成樹脂である。（　　）
16 盛大な拍手をいただいた。（　　）
17 完膚なきまでにたたきのめす。（　　）
18 相互作用が成功を生み出した。（　　）
19 次の入荷時期は不明です。（　　）
20 優れた色彩感覚を持っている。（　　）
21 キンモクセイの香りがただよう。（　　）
22 軽はずみな言動は慎むべきだ。（　　）
23 少し黙ってなさいと怒られる。（　　）
24 自分のチームが攻めの側に変わる。（　　）
25 暗い場所を避けて下校する。（　　）
26 このビルは少し傾いていて心配だ。（　　）
27 画びょうで刺してポスターをはる。（　　）
28 若葉が青々と茂っている。（　　）
29 冬の日は吐いた息が白くなる。（　　）
30 手を洗わないと汚いよ。（　　）

10 新進気エイの画家。（　　）
11 社長のエイ断に期待する。（　　）
12 エイ誉ある賞をいただいた。（　　）
（ア 鋭　イ 栄　ウ 影　エ 映　オ 英）

13 長時間部屋にいると息がツまる。（　　）
14 彼には愛想がツきた。（　　）
15 毎日日記をツけている。（　　）
（ア 詰　イ 付　ウ 都　エ 着　オ 尽）

3 1～5の三つの□に**共通する漢字**を入れて熟語を作れ。漢字は**ア～コ**から**一つ**選び、**記号**を記せ。

各2点　／10

1 □群・海□・□本的（　　）
2 追□・□破・□入（　　）
3 積□・満□・記□（　　）
4 狂□・□乱・□然（　　）
5 当□・疑□・困□（　　）

ア 載	イ 突	ウ 容	エ 惑	オ 談
カ 意	キ 騒	ク 鎖	ケ 問	コ 抜

解答は174ページ

4

熟語の構成のしかたには次のようなものがある。

各2点 ／20

ア 同じような意味の漢字を重ねたもの（身体）
イ 反対または対応の意味を表す字を重ねたもの（長短）
ウ 上の字が下の字を修飾しているもの（会員）
エ 下の字が上の字の目的語・補語になっているもの（着火）
オ 主語と述語の関係にあるもの（人造）

次の熟語は右の**ア**〜**オ**のどれにあたるか、**一つ**選び、**記号**を記せ。

1 瞬間（　）
2 雷鳴（　）
3 布陣（　）
4 乾杯（　）
5 跳躍（　）
6 雌雄（　）
7 脱帽（　）
8 破片（　）
9 有無（　）
10 敏速（　）

6

後の□内のひらがなを漢字に直して□に入れ、**対義語**・**類義語**を作れ。□内のひらがなは一度だけ使い、**漢字一字**を記せ。

各2点 ／20

対義語

1 故意—□失（　）
2 沈殿—浮□（　）
3 原告—□告（　）
4 友好—□対（　）
5 先頭—後□（　）

類義語

6 時流—風□（　）
7 素直—従□（　）
8 友好—□善（　）
9 文案—草□（　）
10 横領—着□（　）

かぶ・こう・じゅん・しん・ちょう・てき・ひ・び・ふく・ゆう

5 次の漢字の**部首**を**ア〜エ**から**一つ**選び、**記号**を記せ。

各1点 /10

1 幾（ア幺 イ戈 ウ丶 エノ）（　）
2 薪（ア艹 イ立 ウ木 エ斤）（　）
3 就（ア亠 イ口 ウ尢 エ丶）（　）
4 丹（アノ イ冂 ウ丶 エ一）（　）
5 朱（アノ イ二 ウ木 エ丨）（　）
6 耕（ア耒 イ木 ウ二 エ井）（　）
7 雅（ア二 イノ ウ亠 エ隹）（　）
8 乗（アノ イ二 ウ十 エ木）（　）
9 猛（ア犭 イ子 ウ一 エ皿）（　）
10 珍（ア王 イノ ウ人 エ彡）（　）

7 次の——線の**カタカナ**を**漢字一字と送りがな（ひらがな）**に直せ。

各2点 /10

例 道具を**モチイル**。（用いる）

1 違反の**ムクイ**を受ける。（　）
2 なべの中で野菜が**ニエル**。（　）
3 この犬は**アマヤカサ**れすぎだ。（　）
4 **ホシイ**物のために貯金をする。（　）
5 シートベルトが**サイワイ**した。（　）

8 文中の**四字熟語**の――線の**カタカナ**を**漢字**に直し、**漢字一字**を記せ。

各2点　／20

1 彼は**ゼン途有望**な青年だ。（　）
2 彼女は**公平無シ**の人格者だ。（　）
3 田舎で**自給自ソク**の生活をする。（　）
4 彼は事件の**一部シ終**を見ていた。（　）
5 **名所キュウ跡**をたどる旅に出る。（　）
6 国の**安全保ショウ**をかかげる。（　）
7 **思リョ分別**のない行動をとる。（　）
8 不慣れなことに**悪戦苦トウ**する。（　）
9 まさに**キ機一髪**の状況だった。（　）
10 若者の**深ソウ心理**を探る。（　）

10 次の――線の**カタカナ**を**漢字**に直せ。

各2点　／40

1 安易な行動から**ボケツ**を掘った。（　）
2 **メンミツ**な作業を繰り返す。（　）
3 来客を**カンゲイ**する。（　）
4 壊れたテレビの修理を**イライ**する。（　）
5 コンピューターを**セイギョ**する。（　）
6 ラジコンを**ソウジュウ**する。（　）
7 島国**コンジョウ**をかい間見る。（　）
8 自然の**オンケイ**を受ける。（　）
9 毎日**ゲンカン**をきれいにする。（　）

9 次の各文にまちがって使われている**同じ読みの漢字**が**一字**ある。**上に誤字**を、**下に正しい漢字**を記せ。

各2点　／10

1 派手な登場で世間の忠目を集めたが、その実力は大して評価されなかった。（　・　）

2 研究者はその移跡から、古代の人たちが米を作り、集団生活を営んでいただろうと判断した。（　・　）

3 営業成績は低迷していたが、社長は結果を気にすることなく豪開に笑っていた。（　・　）

4 一時間目の授業に集中して取り組むためには、早起きして朝食をきちんととることが不可決だ。（　・　）

5 昔から長く探していた、好奇心を満たす本に出会ってうれしくなった。（　・　）

10 訪問者のセイメイを尋ねる。（　）

11 賛成する人が多数をシめる。（　）

12 大切な衣類をカゲボしする。（　）

13 今日は疲れたので早めにネる。（　）

14 年賀状を多めにスった。（　）

15 彼女の料理は母の味にニている。（　）

16 戸をオして中に入る。（　）

17 表情がケワしくなってきた。（　）

18 常に健全な心をヤシナっている。（　）

19 台風が接近して海がアれた。（　）

20 ついにハカセの称号を得た。（　）

解答は174ページ

4級 チャレンジテスト 解答と解説

1 読み

各1点 計30点

1 きはん
2 きねん
3 ぜっきょう
4 しんく
5 へきめん
6 かくとく
7 ばいきゃく
8 れんらくもう
9 ていしょく
10 きんえん
11 りんじん
12 かんし
13 きさい
14 ふんしゅつ
15 じゅし
16 はくしゅ
17 かんぷ
18 そうご
19 にゅうか
20 しきさい

3 漢字の識別

各2点 計10点

1 コ（抜）
2 イ（突）
3 ア（載）
4 キ（騒）
5 エ（惑）

4 熟語の構成

各2点 計20点

1	2	3	4	5
ウ	オ	エ	エ	ア
6	**7**	**8**	**9**	**10**
イ	エ	ウ	イ	ア

7 送りがな

各2点 計10点

1 報《む》い
2 煮《に》える
3 甘《あま》やかさ
4 欲《ほ》しい
5 幸《さいわ》い

8 四字熟語

各2点 計20点

1 前《ぜん》（途《と》有《ゆう》望《ぼう》）
2 （公《こう》平《へい》無《む》）私《し》
3 （自《じ》給《きゅう》自《じ》）足《そく》
4 （一《いち》部《ぶ》）始《し》（終《じゅう》）
5 （名《めい》所《しょ》）旧《きゅう》（跡《せき》）
6 （安《あん》全《ぜん》保《ほ》）障《しょう》
7 （思《し》）慮《りょ》（分《ふん》別《べつ》）
8 （悪《あく》戦《せん》苦《く》）闘《とう》
9 危《き》（機《き》一《いっ》髪《ぱつ》）
10 （深《しん》）層《そう》（心《しん》理《り》）

（　）内は解答の補足です。

1 読み

4 真紅＝こい紅色。真っ赤。
7 売却＝売りはらうこと。
9 抵触＝法律や決まりにふれること。
13 鬼才＝人間とは思えないほどのすごい才能。
15 樹脂＝木からにじみ出るねばねばした液。
17 完膚なきまでに＝てっ底的に。

2 同音・同訓異字

5 夢想＝夢のようにとりとめもないことを心に思うこと。
6 霧笛＝こい霧《きり》などで視界が悪いときに、しょうとつ事故を防ぐために船や灯台などが鳴らす汽笛。
11 英断＝すぐれた判断のもとに、思い切りよくことを決めること。

3 漢字の識別

1 海抜＝海水面から測った陸地の高さのこと。
4 狂騒＝常識をはずれたさわぎ。

4 熟語の構成

8 破片＝こわれた小さなかけら。「こわれた→かけら」と考える。

21 かお(り)
22 つつし(む)
23 だま(って)
24 せ(め)
25 さ(けて)
26 かたむ(いて)
27 さ(して)
28 しげ(って)
29 は(いた)
30 きたな(い)

2 同音・同訓異字

各2点 計30点

1 ウ（輩出《はいしゅつ》）
2 エ（背後《はいご》）
3 ア（俳句《はいく》）
4 イ（矛盾《むじゅん》）
5 オ（夢想《むそう》）
6 ウ（霧笛《むてき》）
7 イ（透《す》かし）
8 オ（澄《す》んで）
9 ア（済《す》んだ）
10 ア（気鋭《きえい》）
11 オ（英断《えいだん》）
12 イ（栄誉《えいよ》）
13 ア（詰《つ》まる）
14 オ（尽《つ》きた）
15 イ（付《つ》けて）

5 部首

各1点 計10点

1	2	3	4	5	6	7	8	9	10
ア（幺 よう・いとがしら）	ア（艹 くさかんむり）	ウ（尢 だいのまげあし）	ウ（丶 てん）	ウ（木 き）	ア（耒 すきへん・らいすき）	エ（隹 ふるとり）	ア（ノ の・はらいぼう）	ア（犭 けものへん）	ア（王 おうへん・たまへん）

6 対義語・類義語

各2点 計20点

1 過《か》（失《しっ》）
2 （浮《ふ》）遊《ゆう》
3 被《ひ》（告《こく》）
4 敵《てき》（対《たい》）
5 （後《こう》）尾《び》
6 （風《ふう》）潮《ちょう》
7 （従《じゅう》）順《じゅん》
8 親《しん》（善《ぜん》）
9 （草《そう》）稿《こう》
10 （着《ちゃく》）服《ふく》

9 誤字訂正

各2点 計10点

誤字・正字

1 忠（目）・注《ちゅう》（目《もく》）
2 移（跡）・遺《い》（跡《せき》）
3 （豪）開・（豪《ごう》）快《かい》
4 （不可）決・（不可《ふか》）欠《けつ》
5 （好）寄（心）・（好《こう》）奇《き》（心《しん》）

10 書き取り

各2点 計40点

1 墓穴《ぼけつ》
2 綿密《めんみつ》
3 歓迎《かんげい》
4 依頼《いらい》
5 制御《せいぎょ》
6 操縦《そうじゅう》
7 根性《こんじょう》
8 恩恵《おんけい》
9 玄関《げんかん》
10 姓名《せいめい》
11 占《し》（める）
12 陰干《かげぼ》（し）
13 寝《ね》（る）
14 刷《す》（った）
15 似《に》（て）
16 押《お》（して）
17 険《けわ》（しく）
18 養《やしな》（って）
19 荒《あ》（れた）
20 博士《はかせ》

---

5 部首

6 耕…耒（すきへん・らいすき）
出題はん囲では耕のみ。

6 対義語・類義語

5 後尾＝長い列の後ろ。
9 草稿＝下書き。
10 横領＝他人や公共の金銭・物品を不法に自分のものとすること。
着服＝他人の金品をこっそりぬすんで自分のものとすること。

7 送りがな

1 報い＝自分がしたことの結果としてもどってくるもの。

8 四字熟語

1 前途有望＝将来に見こみのあるさま。
7 思慮分別＝物事の道理をわきまえ、深く考えて判断を下すこと。また、そういう能力。
10 深層心理＝おく深くにかくれた心の動きや状態。

9 誤字訂正

3 豪快＝堂堂として力強く、見ていて気持ちの良いさま。

10 書き取り

10 姓名＝名字と名前。

問題は 168 ページ

分野別
漢検でる順問題集
五訂版
別冊

でる順用例付き
配当漢字表

5級

◎5級配当漢字表
◎おもな特別な読み、熟字訓・当て字
◎6級以下の配当漢字
◎部首一覧

旺文社

5級　配当漢字表

特に覚えておいた方がよい内容を資料としてまとめました。ねらわれやすい問題と過去のデータからでる順上位の漢字・熟語には　　がついています。しっかり覚えましょう。

配当漢字表の見方

①イ
②
③11
④異
⑤イ　こと
⑥た　田
⑦ちがう・ふつうでない
⑧異 3　異 5　異 7　異 9　異 11
⑨類義語　異議《いぎ》―反対・異国《いこく》―外国
四字熟語　大同小異《だいどうしょうい》
読み　送りがな　書き取り　異《こと》なる

①五十音見出し

②　過去の出題データから、でる順上位の漢字に　を付けました。

③画数　漢字の総画数を示しています。

④漢字　5級の配当漢字191字を並べました。

⑤読み　音読みはカタカナ、訓読みはひらがな、送りがなは細字で示しています。中学校・高校で習う読みには（　）が付いています。

⑥部首　「漢検」で採用している部首・部首名です。部首が問われる問題としてよくでる漢字には、部首の下に　が付いています。

⑦意味　漢字の基本的な意味を示しています。

⑧筆順　筆順は5つの段階を示しています。右側の赤字の数字がその段階での画数です。

⑨用例　出題されやすいと思われる問題形式とその用例をまとめました。特にねらわれやすいものには　が付いています。

イ				ウ	エ
9	11	15	11	6	9
胃	異	遺	域	宇	映
イ	イ こと	イ （ユイ）	イキ	ウ	エイ うつる うつす （はえる）
肉 にく	田 た	辶 しんにょう しんにゅう	土 つちへん	宀 うかんむり	日 ひへん
いぶくろ	ちがう・ふつうでない	のこす・のこる・忘れる	さかい・範囲《はんい》	そら・心の広さ	うつる・うつす
胃 3 胃 5 胃 6 胃 7 胃 9	異 3 異 5 異 7 異 9 異 11	遺 4 遺 7 遺 10 遺 14 遺 15	域 4 域 6 域 8 域 9 域 11	宇 1 宇 3 宇 4 宇 5 宇 6	映 3 映 5 映 6 映 7 映 9
熟語の構成 胃液《いえき》（胃の↓液） 四字熟語 胃腸障害《いちょうしょうがい》	類義語 異議《いぎ》－反対・異国《いこく》－外国 四字熟語 大同小異《だいどうしょうい》 読み 送りがな 書き取り 異《こと》なる	書き取り 読み 遺産《いさん》 四字熟語 文化遺産《ぶんかいさん》・世界遺産《せかいいさん》	読み 書き取り 類義語 地域《ちいき》－地区 四字熟語 地域社会《ちいきしゃかい》	書き取り 読み 宇宙《うちゅう》 四字熟語 宇宙旅行《うちゅうりょこう》	同じ読み 映《うつ》 読み 映《うつ》る 書き取り 映像《えいぞう》 熟語の構成 映写《えいしゃ》（どちらも「うつす」）

カ　オ

8	8	10	7	6	8
延	沿	恩	我	灰	拡
エン のびる のべる のばす	エン そう	オン	（ガ） われ （わ）	（カイ） はい	カク
廴 えんにょう	氵 さんずい	心 こころ	戈 ほこづくり ほこがまえ	火 ひ	扌 てへん
長くなる・広がる・おくれる	流れや道などの長いものにそう	情けをかける・いつくしみ	自分・わがまま	はい・もえがら・ねずみ色	ひろげる・ひろがる
延 2 延 4 延 6 延 7 延 8	沿 3 沿 5 沿 6 沿 7 沿 8	恩 3 恩 5 恩 7 恩 8 恩 10	我 2 我 4 我 5 我 6 我 7	灰 1 灰 2 灰 3 灰 4 灰 6	拡 3 拡 5 拡 6 拡 7 拡 8
熟語の構成 延期《えんき》（延ばす↑期日を） 四字熟語 雨天順延《うてんじゅんえん》 対義語 延長《えんちょう》ー短縮	四字熟語 沿岸漁業《えんがんぎょぎょう》 読み 書き取り 沿《そ》う 音と訓 沿岸《えんがん》（エン＋ガン）	熟語の構成 恩人《おんじん》（恩のある↓人） 書き取り 恩師《おんし》	読み 書き取り 我《われ》 筆順 我	音と訓 灰皿《はいざら》（はい＋ざら） 読み 書き取り 灰《はい》 筆順 灰	読み 書き取り 熟語作り 拡張《かくちょう》 四字熟語 拡張工事《かくちょうこうじ》

画数	漢字	読み	部首	意味・筆順	出題例
9	革	カク （かわ）	革 かくのかわ つくりがわ	なめしがわ・改める・変える 1 3 5 8 9	四字熟語 技術革新《ぎじゅつかくしん》・政治改革《せいじかいかく》 対義語 革新《かくしん》―保守 読み 改革《かいかく》
14	閣	カク	門 もんがまえ	高くてりっぱな建物・内閣の略 1 5 9 12 14	書き取り 音と訓 内閣《ないかく》（ナイ＋カク） 読み 天守閣《てんしゅかく》・仏閣《ぶっかく》・閣議《かくぎ》
12	割	（カツ） わる わり われる （さく）	刂 りっとう	わける・わりあい・刃物《はもの》でさく 4 5 7 9 12	送りがな 割《わ》れる 書き取り 割《わ》る 音と訓 役割《やくわり》（ヤク＋わり）
10	株	かぶ	木 きへん	きりかぶ・株式の略 1 5 7 8 10	四字熟語 株式会社《かぶしきがいしゃ》 音と訓 株式《かぶしき》（かぶ＋シキ） 読み 書き取り 株《かぶ》
3	干	カン ほす （ひる）	干 かん いちじゅう	ほす・かわかす 1 2 3	読み 書き取り 干《ほ》す 対義語 干潮《かんちょう》―満潮 熟語の構成 干満《かんまん》（ひあがる↕満ちる）
9	巻	カン まく まき	㔾 わりふ ふしづくり	書物・まきもの・まく 1 4 7 8 9	読み 書き取り 巻《ま》く 読み 絵巻物《えまきもの》 音と訓 巻物《まきもの》（まき＋もの）・巻紙《まきがみ》（まき＋がみ）

画数	漢字	読み	部首	意味	筆順	出題例
9	看	カン	目 め	よくみる・みまもる	3 4 5 7 9	書き取り 看板《かんばん》／読み・熟語作り・書き取り・音と訓 看護《かんご》（カン＋ゴ）
18	簡	カン	⺮ たけかんむり	書き記すもの・手軽なこと	6 7 11 15 18	読み・熟語作り・同じ読み 簡潔《かんけつ》／対義語 簡単《かんたん》―複雑
6	危	キ あぶない （あやうい） （あやぶむ）	㔾 わりふ ふしづくり	あぶない・不安に思う・きずつける	2 3 4 5 6	読み・送りがな・書き取り 危《あぶ》ない／対義語 危険《きけん》―安全
6	机	（キ） つくえ	木 きへん	つくえ	1 2 4 5 6	読み・書き取り 机《つくえ》
12	揮	キ	扌 てへん	ふるう・ふりまわす・まきちらす	3 6 8 11 12	同じ読み・書き取り・類義語 指揮《しき》―指図／書き取り 発揮《はっき》／四字熟語 実力発揮《じつりょくはっき》
12	貴	キ （たっとい） （たっとぶ） （とうとい） （とうとぶ）	貝 かい こがい	とうとい・価値がある・身分が高い	1 4 6 10 12	読み・熟語作り・同じ読み・書き取り 貴重《きちょう》

画数	漢字	読み	部首	意味	筆順	出題例
14	疑	ギ うたがう	疋 ひき	うたがわしい・うたがい	疑 1 疑 5 疑 8 疑 11 疑 14	対義語 質疑《しつぎ》－応答 四字熟語 半信半疑《はんしんはんぎ》・質疑応答《しつぎおうとう》 送りがな 疑《うたが》う
6	吸	キュウ すう	口 くちへん	すう・すいとる・すいつく	吸 1 吸 3 吸 4 吸 5 吸 6	書き取り 吸《す》う・呼吸《こきゅう》 四字熟語 酸素吸入《さんそきゅうにゅう》 対義語 吸収《きゅうしゅう》－発散
8	供	キョウ (ク) そなえる とも	亻 にんべん	そなえる・差し出す	供 2 供 3 供 4 供 5 供 8	同じ読み 供《そな》・供《とも》 熟語作り 提供《ていきょう》 送りがな 供《そな》える
10	胸	キョウ むね (むな)	月 にくづき	むね・心の中	胸 4 胸 6 胸 7 胸 9 胸 10	読み 書き取り 胸《むね》 熟語の構成 胸囲《きょうい》（胸の↓まわり） 熟語作り 度胸《どきょう》
11	郷	キョウ (ゴウ)	阝 おおざと	ふるさと・場所・ところ	郷 2 郷 4 郷 6 郷 9 郷 11	四字熟語 郷土芸能《きょうどげいのう》 筆順 郷 書き取り 郷里《きょうり》 同じ読み 郷土《きょうど》
12	勤	キン (ゴン) つとめる つとまる	力 ちから	働く・(心をこめて)努力する	勤 3 勤 6 勤 7 勤 10 勤 12	熟語の構成 勤務《きんむ》（どちらも「つとめる」） 同じ読み 勤《つと》・勤続《きんぞく》 類義語 勤勉《きんべん》－努力

ケ

画数	漢字	読み	部首	意味	筆順	出題例
12	筋	キン すじ	⺮ たけかんむり	からだの中のすじ・あらまし	筋 4 6 8 11 12	音と訓 筋道《すじみち》（すじ＋みち） 読み 鉄筋《てっきん》 書き取り 筋《すじ》・筋肉《きんにく》
7	系	ケイ	糸 いと	つながり・つながりをもった分類	系 1 3 4 5 7	読み 系統《けいとう》 筆順 系
12	敬	ケイ うやまう	攵 のぶん ぼくづくり	うやまう	敬 3 5 9 11 12	熟語の構成 尊敬《そんけい》（どちらも「うやまう」）・敬老《けいろう》（敬う←老人を） 送りがな 敬《うやま》う 類義語 敬服《けいふく》－感心
19	警	ケイ	言 げん	用心させる・まもる・すぐれた知恵《ちえ》	警 3 8 12 16 19	書き取り 警察《けいさつ》 読み 警報《けいほう》 熟語作り 警告《けいこく》
15	劇	ゲキ	刂 りっとう	はげしい・しばい	劇 1 3 8 10 15	同じ読み 劇《げき》 熟語の構成 観劇《かんげき》（みる←劇を）
16	激	ゲキ はげしい	氵 さんずい	はげしい・たかぶる	激 3 8 11 14 16	読み・送りがな・書き取り 激《はげ》しい 類義語 感激《かんげき》－感動

5	8	13	15	16	13
穴	券	絹	権	憲	源
(ケツ) あな	ケン	(ケン) きぬ	ケン (ゴン)	ケン	ゲン みなもと
穴 あな	刀 かたな	糸 いとへん	木 きへん	心 こころ	氵 さんずい
あな・地面などのくぼんだところ	ふだ・きっぷ	きぬ糸・きぬ糸で織った布	ちから・正当な資格	もとになる法律・おきて・役人	水の流れ出るもと・物事のはじまり
穴 1 穴 2 穴 3 穴 4 穴 5	券 2 券 4 券 6 券 7 券 8	絹 2 絹 4 絹 8 絹 11 絹 13	権 7 権 9 権 11 権 12 権 15	憲 4 憲 5 憲 10 憲 13 憲 16	源 4 源 6 源 8 源 11 源 13
音と訓 節穴《ふしあな》(ふし＋あな)・穴場《あなば》(あな＋ば) 読み 書き取り 穴《あな》	音と訓 株券《かぶけん》(かぶ＋ケン) 書き取り 食券《しょっけん》	読み 絹《きぬ》 熟語の構成 絹糸《きぬいと》(絹の↓糸) 音と訓 絹地《きぬじ》(きぬ＋ジ)	対義語 権利《けんり》－義務 四字熟語 主権在民《しゅけんざいみん》 熟語の構成 特権《とっけん》(特別な↓権利) 筆順 権	音と訓 憲法《けんぽう》(ケン＋ポウ) 読み 立憲《りっけん》	書き取り 資源《しげん》 対義語 水源《すいげん》－河口 四字熟語 天然資源《てんねんしげん》 読み 源《みなもと》

17	3	8	14	6	7
厳	己	呼	誤	后	孝
ゲン (ゴン) きびしい (おごそか)	コ (キ) (おのれ)	コ よぶ	ゴ あやまる	コウ	コウ
⺍ つかんむり	己 おのれ	口 くちへん	言 ごんべん	口 くち	子 こ
おごそか・いかめしい・きびしい	自分	息をはく・よびかける	まちがえる・まちがい	天子の妻・きさき	父母によく仕えること
厳4 厳9 厳12 厳15 厳17	己1 己2 己3	呼2 呼4 呼5 呼7 呼8	誤7 誤10 誤11 誤12 誤14	后1 后2 后3 后5 后6	孝1 孝2 孝4 孝5 孝7
読み・送りがな・書き取り 厳《きび》しい 同じ読み 厳禁《げんきん》 四字熟語 時間厳守《じかんげんしゅ》	同じ読み・類義語 自己《じこ》―自分 熟語の構成 自己《じこ》（どちらも「自分」） 四字熟語 自己満足《じこまんぞく》	読み・書き取り 呼《よ》ぶ・呼吸《こきゅう》 四字熟語 人員点呼《じんいんてんこ》	読み・送りがな・書き取り 誤《あやま》り 熟語の構成 正誤《せいご》（正しい↕誤り）	筆順 后 書き取り 皇后《こうごう》	熟語の構成 不孝《ふこう》（親孝行でない） 音と訓 孝行《こうこう》（コウ＋コウ）

画数	漢字	読み	部首	意味	筆順	用例
9	皇	コウ オウ	白 しろ	君主・天子・天皇の	皇1 皇3 皇6 皇7 皇9	筆順 皇 / 音と訓 皇室《こうしつ》（コウ＋シツ） / 書き取り 皇后《こうごう》・皇居《こうきょ》
9	紅	コウ （ク） べに （くれない）	糹 いとへん	あざやかな赤い色・べに	紅2 紅4 紅7 紅8 紅9	熟語の構成 紅白《こうはく》（赤↔白） / 音と訓 口紅《くちべに》（くち＋べに） / 書き取り 紅茶《こうちゃ》
10	降	コウ おりる おろす ふる	阝 こざとへん	ふる・おりる・負けてしたがう	降3 降5 降8 降9 降10	同じ読み 降下《こうか》 / 読み 書き取り 降《ふ》る・降《お》りる / 熟語の構成 乗降《じょうこう》（乗る↔降りる）
16	鋼	コウ （はがね）	釒 かねへん	はがね・かたくきたえた鉄	鋼8 鋼10 鋼13 鋼14 鋼16	読み 書き取り 音と訓 鋼鉄《こうてつ》（コウ＋テツ）
8	刻	コク きざむ	刂 りっとう	きざむ・刃物《はもの》でほる・時	刻3 刻4 刻5 刻6 刻8	読み 送りがな 書き取り 刻《きざ》む / 音と訓 定刻《ていこく》（テイ＋コク）
14	穀	コク	禾 のぎへん	実を主食とする作物	穀3 穀7 穀11 穀13 穀14	読み 穀物《こくもつ》 / 四字熟語 穀倉地帯《こくそうちたい》 / 音と訓 穀類《こくるい》（コク＋ルイ）

サ

画数	漢字	読み	部首	意味	筆順	用例
10	骨	コツ ほね	骨 ほね	ほね・物事の中心になるもの	骨1 骨3 骨5 骨8 骨10	書き取り 骨《ほね》・鉄骨《てっこつ》・筋骨《きんこつ》 音と訓 骨身《ほねみ》（ほね＋み） 四字熟語 複雑骨折《ふくざつこっせつ》
7	困	コン こまる	口 くにがまえ	こまる・くるしむ	困2 困3 困4 困6 困7	熟語の構成 困苦《こんく》（どちらも「こまる」） 書き取り 困《こま》る 対義語 困難《こんなん》－容易
9	砂	サ （シャ） すな	石 いしへん	すな・すなのようなこまかいつぶ	砂1 砂3 砂6 砂8 砂9	音と訓 砂地《すなち》（すな＋チ（ジ））・砂場《すなば》（すな＋ば） 書き取り 砂《すな》・砂糖《さとう》
10	座	ザ （すわる）	广 まだれ	すわる場所・人の集まり	座3 座5 座7 座8 座10	書き取り 読み 座席《ざせき》・星座《せいざ》
11	済	サイ すむ すます	氵 さんずい	かたをつける・救う・助ける	済3 済6 済8 済10 済11	同じ読み 済《す》 書き取り 済《す》む 対義語 返済《へんさい》－借用 読み 救済《きゅうさい》
12	裁	サイ さばく （たつ）	衣 ころも	布をたちきる・判定をくだす	裁3 裁9 裁10 裁11 裁12	読み 送りがな 裁《さば》く 読み 洋裁《ようさい》 書き取り 裁判《さいばん》

画数	漢字	読み	部首	意味	筆順	出題例
12	策	サク	⺮ たけかんむり	はかりごと・つえ	策 6 策 9 策 10 策 11 策 12	四字熟語 災害対策《さいがいたいさく》・景気対策《けいきたいさく》 読み 同じ読み 対策《たいさく》 類義語 方策《ほうさく》—手段
5	冊	サツ (サク)	冂 どうがまえ けいがまえ まきがまえ	本・本などを数える語	冊 1 冊 2 冊 3 冊 4 冊 5	筆順 冊 読み 冊子《さっし》 書き取り 冊《さつ》
10	蚕	サン かいこ	虫 むし	カイコ	蚕 2 蚕 5 蚕 8 蚕 9 蚕 10	熟語の構成 養蚕《ようさん》(養う↑蚕を) 読み 書き取り 蚕《かいこ》
6	至	シ いたる	至 いたる	いたる・行きつく・この上なく	至 2 至 3 至 4 至 5 至 6	読み 書き取り 至《いた》る 熟語作り 同じ読み 至急《しきゅう》
7	私	シ わたくし わたし	禾 のぎへん	自分・個人的なこと	私 2 私 3 私 5 私 6 私 7	熟語の構成 公私《こうし》(おおやけ↕わたくし) 四字熟語 公私混同《こうしこんどう》 対義語 私服《しふく》—制服
9	姿	シ すがた	女 おんな	すがた・からだつき	姿 3 姿 5 姿 7 姿 8 姿 9	読み 書き取り 姿《すがた》・姿勢《しせい》 音と訓 姿見《すがたみ》(すがた＋み)

画数	11	12	14	14	10	11
漢字	視	詞	誌	磁	射	捨
読み	シ	シ	シ	ジ	シャ いる	シャ すてる
部首	見 みる	言 ごんべん	言 ごんべん	石 いしへん	寸 すん	扌 てへん
意味	よく見る・…と見る	ことば・詩や文章・文法上の分類	書き記したもの・雑誌の略	じしゃく・やきもの	矢をいる・いきおいよく発する	すてる・お金や品物を寄付する
筆順	視 2・4・6・9・11	詞 4・7・8・10・12	誌 7・8・9・12・14	磁 5・8・9・11・14	射 3・6・8・9・10	捨 4・6・7・9・11
出題例	同じ読み 近視《きんし》・注視《ちゅうし》 熟語作り 視界《しかい》 対義語 無視《むし》－尊重 熟語の構成 無視《むし》（見ることがない）	読み 熟語の構成 歌詞《かし》（歌の↓ことば） 筆順 詞	書き取り 雑誌《ざっし》 四字熟語 月刊雑誌《げっかんざっし》・学級日誌《がっきゅうにっし》	四字熟語 永久磁石《えいきゅうじしゃく》 同じ読み 磁針《じしん》 読み 書き取り 音と訓 磁石《じしゃく》（ジ＋シャク）	同じ読み 射《い》 読み 射《い》る 四字熟語 予防注射《よぼうちゅうしゃ》・直射日光《ちょくしゃにっこう》・条件反射《じょうけんはんしゃ》	熟語の構成 取捨《しゅしゃ》（取る↕捨てる） 送りがな 書き取り 捨《す》てる 四字熟語 四捨五入《ししゃごにゅう》

4	尺	シャク	尸 かばね しかばね	ものさし・長さの単位	尺 1 2 3 4	筆順 尺 / 読み 書き取り 尺八《しゃくはち》・縮尺《しゅくしゃく》
8	若	(ジャク) (ニャク) わか い (もしくは)	艹 くさかんむり	わかい・おさない	若 3 4 5 6 8	書き取り 若《わか》い・若葉《わかば》 / 音と訓 若者《わかもの》(わか＋もの)・若気《わかげ》(わか＋ゲ)
16	樹	ジュ	木 きへん	木・立ち木・しっかりと立てる	樹 4 9 13 14 16	熟語の構成 樹木《じゅもく》(どちらも「木」)・植樹《しょくじゅ》(植える↑樹木を) / 読み 樹液《じゅえき》・樹立《じゅりつ》・樹氷《じゅひょう》・街路樹《がいろじゅ》
4	収	シュウ おさめる おさまる	又 また	おさめる・とり入れる	収 1 2 3 4	類義語 収入《しゅうにゅう》－所得 / 対義語 収入《しゅうにゅう》－支出 / 熟語の構成 収納《しゅうのう》(どちらも「おさめる」) / 読み 収録《しゅうろく》
8	宗	シュウ (ソウ)	宀 うかんむり	神や仏の教え	宗 3 5 6 7 8	読み 音と訓 宗教《しゅうきょう》(シュウ＋キョウ)
12	就	シュウ (ジュ) (つく) (つける)	尢 だいのまげあし	つく・仕事や役目につく	就 8 9 10 11 12	対義語 就職《しゅうしょく》－退職 / 熟語の構成 就職《しゅうしょく》(つく↑職に) / 読み 熟語作り 就任《しゅうにん》

12	10	16	17	15	10
衆	従	縦	縮	熟	純
シュウ (シュ)	ジュウ (ショウ) (ジュ) したがう したがえる	ジュウ たて	シュク ちぢむ ちぢまる ちぢめる ちぢれる ちぢらす	ジュク (うれる)	ジュン
血 ち	彳 ぎょうにんべん	糸 いとへん	糸 いとへん	灬 れんが れっか	糸 いとへん
多い・多くの人々	ついていく・けらい	たて・上下の方向	小さくなる・ちぢむ	うれる・実る・十分に	まじりけがない・ありのままである
衆6 衆8 衆10 衆11 衆12	従3 従6 従7 従9 従10	縦6 縦9 縦12 縦14 縦16	縮6 縮9 縮11 縮15 縮17	熟6 熟8 熟9 熟11 熟15	純6 純7 純8 純9 純10
四字熟語 公衆道徳《こうしゅうどうとく》 同じ読み 観衆《かんしゅう》 筆順 衆	読み 送りがな 書き取り 従《したが》う 熟語の構成 主従《しゅじゅう》(主である↔従である)	熟語の構成 縦横《じゅうおう》(たて↔よこ) 読み 書き取り 縦《たて》 対義語 縦断《じゅうだん》—横断 音と訓 縦糸《たていと》(たて＋いと)	対義語 縮小《しゅくしょう》—拡大・短縮《たんしゅく》—延長 送りがな 縮《ちぢ》まる 読み 縮《ちぢ》む	熟語の構成 未熟《みじゅく》(まだ熟していない) 読み 成熟《せいじゅく》	対義語 単純《たんじゅん》—複雑 四字熟語 単純明快《たんじゅんめいかい》 熟語の構成 不純《ふじゅん》(純すいでない)

5	13	15	10	8	10
処	署	諸	除	承	将
ショ	ショ	ショ	ジョ （ジ） のぞく	ショウ （うけたまわる）	ショウ
几 つくえ	罒 あみがしら あみめ よこめ	言 ごんべん	阝 こざとへん	手 て	寸 すん
いる・おる・きりもりする	書き記す・役所	いろいろな・たくさんの	とりさる・割り算	うけつぐ・うけいれる	軍をひきいる人・…しようとする
処 1 2 3 4 5	署 4 6 9 11 13	諸 7 8 11 13 15	除 3 5 7 8 10	承 2 5 6 7 8	将 3 4 7 8 10
熟語作り 類義語 処理《しょり》―始末 四字熟語 応急処置《おうきゅうしょち》	四字熟語 署名運動《しょめいうんどう》 読み 署名《しょめい》	読み 音と訓 諸国《しょこく》（ショ＋コク）	送りがな 書き取り 除《のぞ》く・解除《かいじょ》 熟語の構成 除去《じょきょ》（どちらも「とりのぞく」）・除草《じょそう》（除く←草を）	類義語 承知《しょうち》―同意 四字熟語 起承転結《きしょうてんけつ》	書き取り 類義語 将来《しょうらい》―未来 対義語 将来《しょうらい》―過去 筆順 将

ス

13	14	13	10	4	8
傷	障	蒸	針	仁	垂
ショウ きず （いたむ） （いためる）	ショウ （さわる）	ジョウ （むす） （むれる） （むらす）	シン はり	ジン （ニ）	スイ たれる たらす
亻 にんべん	阝 こざとへん	艹 くさかんむり	金 かねへん	亻 にんべん	土 つち
きず・きずつける・心をいためる	さしつかえる・へだて	むす・液体が気体になること	はり・はりのようにとがったもの	思いやりの心・情け	ぶらさがる・たれる
傷 3 傷 6 傷 9 傷 11 傷 13	障 3 障 6 障 10 障 13 障 14	蒸 4 蒸 6 蒸 7 蒸 9 蒸 13	針 4 針 5 針 7 針 9 針 10	仁 1 仁 2 仁 3 仁 4	垂 3 垂 4 垂 6 垂 7 垂 8
音と訓 傷口《きずぐち》（きず＋ぐち）・生傷《なまきず》（なま＋きず） 熟語の構成 負傷《ふしょう》（負う↑傷を） 読み 書き取り 傷《きず》	読み 障子《しょうじ》 書き取り 故障《こしょう》 四字熟語 社会保障《しゃかいほしょう》	筆順 蒸 読み 蒸気《じょうき》 四字熟語 蒸気機関《じょうききかん》	四字熟語 基本方針《きほんほうしん》 書き取り 針《はり》 音と訓 針箱《はりばこ》（はり＋ばこ）・針金《はりがね》（はり＋がね）	読み 熟語作り 音と訓 仁術《じんじゅつ》（ジン＋ジュツ） 熟語の構成 仁愛《じんあい》（どちらも「おもいやり」）	読み 送りがな 書き取り 垂《た》れる 書き取り 対義語 垂直《すいちょく》－水平 筆順 垂

漢字	画数	読み	部首	意味	筆順	出題
推	11	スイ (おす)	扌 てへん	前方へすすめる・おしはかる	5 6 7 8 11	四字熟語 推理小説《すいりしょうせつ》 筆順 推 読み 推定《すいてい》 熟語作り 推察《すいさつ》
寸	3	スン	寸 すん	長さの単位・ほんの少し・わずか	1 2 3	書き取り 類義語 寸前《すんぜん》－直前 熟語作り 寸断《すんだん》
盛	11	(セイ) (ジョウ) もる (さかる) (さかん)	皿 さら	もる・勢いがよい・りっぱな	1 3 5 8 11	読み 書き取り 盛《も》る 筆順 盛
聖	13	セイ	耳 みみ	きよらかな・その道で最高の人	2 5 8 11 13	同じ読み 聖火《せいか》 筆順 聖 四字熟語 聖人君子《せいじんくんし》
誠	13	セイ (まこと)	言 ごんべん	うそやつくりごとがない・まごころ	8 9 10 11 13	類義語 誠意《せいい》－真心 読み 熟語作り 誠実《せいじつ》
舌	6	(ゼツ) した	舌 した	した・ことば・ものを言う	2 3 4 5 6	読み 書き取り 舌《した》 音と訓 舌先《したさき》(した＋さき)

漢字	画数	読み	部首	意味	筆順	出題
宣	9	セン	宀 うかんむり	はっきり述べる・広く知らせる	宣3 宣4 宣6 宣8 宣9	書き取り 類義語 宣伝《せんでん》—広告 / 四字熟語 平和宣言《へいわせんげん》・独立宣言《どくりつせんげん》
専	9	セン (もっぱら)	寸 すん	いちずに・自分だけのものにする	専3 専5 専6 専7 専9	書き取り 専門《せんもん》 / 四字熟語 専門学校《せんもんがっこう》 / 熟語作り 専念《せんねん》・専用《せんよう》
泉	9	セン いずみ	水 みず	水のわき出るところ・あの世	泉3 泉6 泉7 泉8 泉9	読み 書き取り 泉《いずみ》 / 書き取り 音と訓 温泉《おんせん》（オン＋セン）
洗	9	セン あらう	氵 さんずい	水などであらう	洗3 洗5 洗6 洗7 洗9	熟語の構成 洗顔《せんがん》（洗う↑顔を）・洗面《せんめん》（洗う↑顔を） / 読み 送りがな 書き取り 洗《あら》う
染	9	(セン) そめる そまる (しみる) (しみ)	木 き	そめる・そまる・病気などがうつる	染3 染4 染6 染7 染9	読み 送りがな 書き取り 染《そ》める / 筆順 染
銭	14	セン (ぜに)	金 かねへん	おかね・おかねの単位	銭4 銭8 銭11 銭12 銭14	書き取り 読み 銭湯《せんとう》・悪銭《あくせん》・金銭《きんせん》

画数	12	9	11	12	12	14
漢字	善	奏	窓	創	装	層
読み	ゼン よい	ソウ （かなでる）	ソウ まど	ソウ つくる	ソウ （ショウ） （よそおう）	ソウ
部首	口 くち	大 だい	穴 あなかんむり	刂 りっとう	衣 ころも	尸 かばね しかばね
意味	正しい・よい・仲よくする	申し上げる・楽器をならす	まど・勉強する部屋	きず・物事を新しく始める・つくる	よそおう・かざる・とりつける	重なったもの・重なる・階級
筆順	2 5 6 8 12	3 5 7 8 9	4 6 8 9 11	4 6 7 9 12	1 4 7 10 12	1 5 8 12 14
出題例	熟語の構成 善悪《ぜんあく》（善い↕悪い）・善良《ぜんりょう》（どちらも「よい」） 筆順 善 四字熟語 国際親善《こくさいしんぜん》	読み 書き取り 演奏《えんそう》・独奏《どくそう》 四字熟語 器楽合奏《きがくがっそう》	読み 書き取り 窓《まど》 音と訓 窓口《まどぐち》（まど＋ぐち） 熟語の構成 車窓《しゃそう》（車の→窓）	四字熟語 天地創造《てんちそうぞう》 熟語作り 音と訓 創造《そうぞう》（ソウ＋ゾウ）	書き取り 服装《ふくそう》 読み 装置《そうち》 四字熟語 実験装置《じっけんそうち》	四字熟語 高層建築《こうそうけんちく》 同じ読み 高層《こうそう》 読み 地層《ちそう》

タ

16	15	19	6	12	9
操	蔵	臓	存	尊	退
ソウ （あやつる） （みさお）	ゾウ （くら）	ゾウ	ソン ゾン	ソン たっとい とうとい たっとぶ とうとぶ	タイ しりぞく しりぞける
扌 てへん	艹 くさかんむり	月 にくづき	子 こ	寸 すん	⻌ しんにょう しんにゅう
あやつる・志や愛を守りとおすこと 操 5 操 8 操 11 操 14 操 16	しまっておく・しまっておく建物 蔵 4 蔵 6 蔵 9 蔵 13 蔵 15	体内にあるいろいろな器官・はらわた 臓 8 臓 10 臓 13 臓 17 臓 19	ある・生きている・思う 存 1 存 2 存 3 存 4 存 6	あがめる・たいせつな・敬意を表す語 尊 3 尊 5 尊 7 尊 10 尊 12	ひきさがる・やめる・追いはらう・おとろえる 退 1 退 3 退 6 退 8 退 9
読み 熟語作り 操作《そうさ》 書き取り 体操《たいそう》 四字熟語 器械体操《きかいたいそう》	熟語作り 貯蔵《ちょぞう》 筆順 蔵 読み 地蔵《じぞう》 同じ読み 内蔵《ないぞう》	四字熟語 臓器移植《ぞうきいしょく》 同じ読み 内臓《ないぞう》	書き取り 保存《ほぞん》 熟語の構成 存在《そんざい》（どちらも「ある」） 四字熟語 生存競争《せいぞんきょうそう》 読み 存分《ぞんぶん》・存続《そんぞく》	熟語の構成 尊敬《そんけい》（どちらも「うやまう」） 読み 尊い《とうと（たっと）》・尊さ《とうと（たっと）》 書き取り 尊重《そんちょう》	熟語の構成 退院《たいいん》（退く↑病院を） 対義語 退職《たいしょく》－就職 四字熟語 一進一退《いっしんいったい》 同じ読み 勇退《ゆうたい》

6	8	11	15	9	13
宅	担	探	誕	段	暖
タク	タン （かつぐ） （になう）	タン さがす （さぐる）	タン	ダン	ダン あたたか あたたかい あたたまる あたためる
宀 うかんむり	扌 てへん	扌 てへん	言 ごんべん	殳 るまた ほこづくり	日 ひへん
家・住まい	受け持つ・引き受ける	見つけだそうとする・さがす	生まれる	くぎり・だんだん・やりかた	あたたかい・あたためる
1 3 4 5 6	3 4 5 7 8	4 6 8 9 11	8 9 10 13 15	2 5 6 7 9	5 8 10 11 13
対義語 帰宅《きたく》―外出 類義語 住宅《じゅうたく》―家屋 熟語の構成 帰宅《きたく》（帰る↑自宅に） 四字熟語 宅地造成《たくちぞうせい》	四字熟語 負担軽減《ふたんけいげん》 熟語作り 負担《ふたん》・分担《ぶんたん》 書き取り 担任《たんにん》	読み 探《さが》す・探検《たんけん》 音と訓 探検《たんけん》（タン＋ケン）	書き取り 類義語 誕生《たんじょう》―出生 筆順 誕 読み 誕生日《たんじょうび》	類義語 手段《しゅだん》―方法 対義語 手段《しゅだん》―目的 同じ読み 書き取り 階段《かいだん》	対義語 温暖《おんだん》―寒冷 読み 暖《あたた》かい 熟語の構成 温暖《おんだん》（どちらも「あたたかい」）・寒暖《かんだん》（寒い↕暖かい）

10	8	8	11	5	11
値	宙	忠	著	庁	頂
チ ね (あたい)	チュウ	チュウ	チョ (あらわす) (いちじるしい)	チョウ	チョウ いただき いただく
イ にんべん	宀 うかんむり	心 こころ	艹 くさかんむり	广 まだれ	頁 おおがい
ねうち・数の大きさ 値 3 値 4 値 6 値 9 値 10	おおぞら・空間 宙 4 宙 5 宙 6 宙 7 宙 8	まごころ・主君に心から仕えること 忠 2 忠 3 忠 5 忠 6 忠 8	書物を世に出す・目立つ・はっきりしている 著 4 著 5 著 7 著 9 著 11	役所 庁 1 庁 2 庁 3 庁 4 庁 5	物のいちばん高い所・物をもらう 頂 1 頂 4 頂 6 頂 9 頂 11
同じ読み 値《ね》 類義語 値段《ねだん》—価格 熟語作り 書き取り 価値《かち》	書き取り 宇宙《うちゅう》 四字熟語 宇宙旅行《うちゅうりょこう》 筆順 宙	書き取り 対義語 忠告《ちゅうこく》—助言 熟語作り 忠実《ちゅうじつ》	読み 類義語 熟語作り 著名《ちょめい》—有名 読み 対義語 著者《ちょしゃ》—読者	音と訓 官庁《かんちょう》（カン＋チョウ） 読み 庁舎《ちょうしゃ》	熟語の構成 山頂《さんちょう》（山の↓頂）・登頂《とうちょう（とちょう）》（登る↑頂に） 読み 書き取り 頂《いただき》 四字熟語 人気絶頂《にんきぜっちょう》

画数	漢字	読み	部首	意味	筆順	用例
13	腸	チョウ	月 にくづき	はらわた	3 6 9 11 13	四字熟語 胃腸障害《いちょうしょうがい》
15	潮	チョウ しお	氵 さんずい	海の水・傾向《けいこう》・世間のなりゆき	4 7 10 13 15	同じ読み 読み 潮《しお》 音と訓 黒潮《くろしお》(くろ＋しお)
13	賃	チン	貝 かい こがい	やとった人にはらうおかね・代金	4 5 8 11 13	類義語 賃金《ちんぎん》－給料 読み 書き取り 運賃《うんちん》
12	痛	ツウ いたい いたむ いためる	疒 やまいだれ	からだや心がいたむ・ひどく	2 6 9 11 12	対義語 苦痛《くつう》－快楽 読み 送りがな 書き取り 痛《いた》い
15	敵	テキ (かたき)	攵 のぶん ぼくづくり	てき・あいて・かたき	5 8 11 13 15	音と訓 敵方《てきかた》(テキ＋かた) 対義語 敵対《てきたい》－好意 四字熟語 油断大敵《ゆだんたいてき》
10	展	テン	尸 かばね しかばね	ひろげる・ひろがる・ならべる	2 4 6 8 10	類義語 発展《はってん》－進歩 読み 展開図《てんかいず》 同じ読み 書き取り 展示《てんじ》

ト　ナ　ニ

	討	党	糖	届	難	乳
画数	10	10	16	8	18	8
読み	トウ (うっ)	トウ	トウ	とどける とどく	ナン むずかしい (かたい)	ニュウ ちち (ち)
部首	言 ごんべん	儿 ひとあし にんにょう	米 こめへん	尸 かばね しかばね	隹 ふるとり	し おつ
意味	せめる・たずね調べる	仲間・政治家などの集まり	あまい調味料・あまみのある炭水化物	着く・とどける・役所などに申し出る	むずかしい・わざわい	ちち・ちち状の液
筆順	討4 討6 討8 討9 討10	党1 党4 党7 党9 党10	糖8 糖10 糖12 糖13 糖16	届2 届3 届5 届6 届8	難8 難12 難14 難15 難18	乳1 乳4 乳5 乳6 乳8
出題例	書き取り 討論《とうろん》 熟語作り 検討《けんとう》 四字熟語 政治討論《せいじとうろん》	同じ読み 政党《せいとう》 読み 党首《とうしゅ》 筆順 党 四字熟語 政党政治《せいとうせいじ》	同じ読み 糖分《とうぶん》 書き取り 砂糖《さとう》 筆順 糖	読み・書き取り 届《とど》く 送りがな 届《とど》ける	熟語の構成 難易《なんい》(難しい↔易しい) 送りがな・書き取り 難《むずか》しい 対義語 困難《こんなん》－容易	熟語の構成・書き取り 牛乳《ぎゅうにゅう》(牛の→乳) 読み 乳《ちち》

画数	14	10	11	9	8	9
漢字	認	納	脳	派	拝	背
読み	(ニン) みとめる	ノウ (ナッ)(ナ)(ナン)(トウ) おさめる おさまる	ノウ	ハ	ハイ おがむ	ハイ せ せい (そむく) (そむける)
部首	言 ごんべん	糸 いとへん	月 にくづき	氵 さんずい	扌 てへん	肉 にく
意味	みとめる・はっきりと知る	しまう・お金などをおさめる	のうみそ・頭の働き・中心となるもの	わかれる・わかれ・行かせる	おがむ・けんそんを表すことば	せなか・ものの後ろ・そむく
筆順	8 9 11 12 14	6 7 8 9 10	5 8 9 10 11	4 5 6 7 9	1 2 4 7 8	1 2 4 7 9
用例	読み 送りがな 認《みと》める 筆順 認	熟語の構成 未納《みのう》（まだ納めていない）・納税《のうぜい》（納める↑税金を） 読み 送りがな 納《おさ》める	筆順 脳 読み 首脳《しゅのう》 四字熟語 首脳会談《しゅのうかいだん》	音と訓 熟語作り 派手《はで》（ハ＋で） 対義語 派手《はで》―地味 筆順 派	読み 送りがな 書き取り 拝《おが》む 読み 参拝《さんぱい》・拝観《はいかん》	類義語 背後《はいご》―後方 書き取り 背景《はいけい》・背《せ》 音と訓 背骨《せぼね》（せ＋ぼね）・背中《せなか》（せ＋なか）

ヒ

9	10	10	12	7	7
肺	俳	班	晩	否	批
ハイ	ハイ	ハン	バン	ヒ （いな）	ヒ
月 にくづき	亻 にんべん	王 おうへん たまへん	日 ひへん	口 くち	扌 てへん
はい 肺5 肺6 肺7 肺8 肺9	役者・芸人・俳句のこと 俳3 俳6 俳7 俳8 俳10	人を組み分けたもの・小単位の集団 班4 班6 班7 班8 班10	夜・おそい・おくれる 晩5 晩7 晩9 晩11 晩12	ことわる・うちけす・反対の意味を表す 否1 否2 否3 否4 否7	よい悪いを決める 批3 批4 批5 批6 批7
読み 肺活量《はいかつりょう》 書き取り 肺《はい》	読み 書き取り 俳句《はいく》 筆順 俳 類義語 俳優《はいゆう》－役者	書き取り 熟語の構成 班長《はんちょう》（班の↓長） 筆順 班	書き取り 毎晩《まいばん》 四字熟語 大器晩成《たいきばんせい》 読み 晩秋《ばんしゅう》 音と訓 晩飯《ばんめし》（バン＋めし）	対義語 否決《ひけつ》－可決 熟語作り 否定《ひてい》 筆順 否 四字熟語 賛否両論《さんぴりょうろん》	読み 書き取り 音と訓 批評《ひひょう》（ヒ＋ヒョウ）・批判《ひはん》（ヒ＋ハン）

フ　ヘ

画数	漢字	読み	部首	意味	筆順	出題
10	秘	ヒ （ひめる）	禾 のぎへん	かくす・人の知恵《ちえ》ではおよばない	秘 6 秘 7 秘 8 秘 9 秘 10	対義語 秘密《ひみつ》－公開 読み 神秘《しんぴ》 熟語作り 秘蔵《ひぞう》
10	俵	ヒョウ たわら	イ にんべん	米や炭などを入れるわらのふくろ・たわら	俵 3 俵 5 俵 7 俵 8 俵 10	音と訓 炭俵《すみだわら》（すみ＋だわら）・米俵《こめだわら》（こめ＋だわら） 書き取り 土俵《どひょう》
13	腹	フク はら	月 にくづき	おなか・考え・心の中・全体のなかほど	腹 5 腹 8 腹 10 腹 11 腹 13	読み 同じ読み 書き取り 腹《はら》 熟語の構成 立腹《りっぷく》（立てる↑腹を）
16	奮	フン ふるう	大 だい	気持ちをふるいたたせる	奮 5 奮 8 奮 11 奮 14 奮 16	読み 書き取り 対義語 興奮《こうふん》－冷静 読み 奮《ふる》う
8	並	（ヘイ） なみ ならぶ ならべる ならびに	一 いち	ならぶ・ならべる・ふつう	並 3 並 4 並 5 並 7 並 8	送りがな 並《なら》べる 読み 書き取り 並《なら》ぶ 音と訓 並木《なみき》（なみ＋き）
10	陛	ヘイ	阝 こざとへん	天皇や皇后などをうやまった呼び名	陛 4 陛 6 陛 8 陛 9 陛 10	筆順 陛 書き取り 陛下《へいか》

◁ホ

画数	漢字	読み	部首	意味	筆順	出題例
11	閉	ヘイ とじる しめる しまる （とざす）	門 もんがまえ	しめる・とじこめる・終える	閉(1) 閉(5) 閉(7) 閉(9) 閉(11)	【熟語の構成】開閉《かいへい》（開く↕閉じる）・閉店《へいてん》（閉める↑店を） 【送りがな】【書き取り】閉《と》じる
4	片	（ヘン） かた	片 かた	かたほう・きれはし・わずか	片(1) 片(2) 片(3) 片(4)	【対義語】片道《かたみち》－往復 【音と訓】片道《かたみち》（かた＋みち） 【四字熟語】片側通行《かたがわつうこう》
12	補	ホ おぎなう	ネ ころもへん	おぎなう・たすける	補(4) 補(6) 補(10) 補(11) 補(12)	【読み】【送りがな】補《おぎな》う 【読み】補修《ほしゅう》 【四字熟語】栄養補給《えいようほきゅう》・補足説明《ほそくせつめい》
14	暮	（ボ） くれる くらす	日 ひ	日ぐれ・季節や年の末	暮(5) 暮(8) 暮(9) 暮(12) 暮(14)	【読み】【送りがな】【書き取り】暮《く》れる
8	宝	ホウ たから	宀 うかんむり	たから・すぐれた・貴重な	宝(4) 宝(5) 宝(6) 宝(7) 宝(8)	【読み】【書き取り】宝《たから》・宝庫《ほうこ》 【熟語の構成】国宝《こくほう》（国の↓宝物） 【音と訓】宝船《たからぶね》（たから＋ぶね）
11	訪	ホウ たずねる （おとずれる）	言 ごんべん	たずねる・おとずれる	訪(7) 訪(8) 訪(9) 訪(10) 訪(11)	【読み】訪《たず》ねる 【四字熟語】家庭訪問《かていほうもん》 【筆順】訪

マ ミ

亡
3
ボウ
（モウ）
（ない）
亠 なべぶた けいさんかんむり
ほろびる・なくなる・いなくなる
亡 1 2 3
対義語 同じ読み 死亡《しぼう》－誕生
類義語 死亡《しぼう》－他界

忘
7
（ボウ）
わすれる
心 こころ
わすれる・覚えていない
忘 2 3 5 6 7
送りがな 書き取り 忘《わす》れる

棒
12
ボウ
木 きへん
ぼう・いっしょにやる仲間・まっすぐなこと
棒 5 7 8 11 12
書き取り 鉄棒《てつぼう》
音と訓 相棒《あいぼう》（あい＋ボウ）
四字熟語 針小棒大《しんしょうぼうだい》

枚
8
マイ
木 きへん
数えあげる・平たいものを数える語
枚 4 5 6 7 8
書き取り 枚数《まいすう》
読み 枚挙《まいきょ》

幕
13
マク
バク
巾 はば
布製のしきりやおおい・幕府
幕 5 8 11 12 13
類義語 開幕《かいまく》－開演
音と訓 幕内《まくうち》（マク＋うち）

密
11
ミツ
宀 うかんむり
すきまがない・こっそりと
密 4 5 6 9 11
対義語 秘密《ひみつ》－公開・密集《みっしゅう》－散在
四字熟語 人口密度《じんこうみつど》

	メ	モ	ヤ	ユ		ヨ
画数	13	14	11	11	17	13
漢字	盟	模	訳	郵	優	預
読み	メイ	モ ボ	ヤク わけ	ユウ	ユウ (やさしい) (すぐれる)	ヨ あずける あずかる
部首	皿 さら	木 きへん	言 ごんべん	阝 おおざと	亻 にんべん	頁 おおがい
意味	ちかう・ちかいあった仲間	にせる・手本・かまえや大きさ	やくす・意味をときあかす	手紙や小包などを送り届けること	上品な・すぐれている・役者	相手にあずける
筆順	5 8 10 12 13	5 9 12 13 14	7 8 9 10 11	3 5 6 7 11	6 9 12 15 17	3 5 8 11 13
出題例	類義語・熟語作り 加盟《かめい》－加入	書き取り・対義語 模型《もけい(ぼけい)》－実物 読み・書き取り 模様《もよう》	読み・書き取り 訳《わけ》 同じ読み 訳《やく》	四字熟語 速達郵便《そくたつゆうびん》・郵便配達《ゆうびんはいたつ》・書留郵便《かきとめゆうびん》 筆順 郵 書き取り 郵便《ゆうびん》	類義語 俳優《はいゆう》－役者 書き取り 優勝《ゆうしょう》 四字熟語 優先順位《ゆうせんじゅんい》 同じ読み 優良《ゆうりょう》	類義語 預金《よきん》－貯金 読み・送りがな・書き取り 預《あず》ける

画数	漢字	読み	部首	筆順	意味	出題例
5	幼	ヨウ / おさない	幺 よう いとがしら	幼1 幼2 幼3 幼4 幼5	おさない・おさなご	読み 送りがな 書き取り 幼《おさな》い / 熟語の構成 幼児《ようじ》（幼い→こども）
11	欲	ヨク / (ほしい) / (ほっする)	欠 あくび かける	欲4 欲6 欲8 欲10 欲11	そうしたい・ほしがる・よく	四字熟語 学習意欲《がくしゅういよく》・私利私欲《しりしよく》・欲求不満《よっきゅうふまん》 / 読み 書き取り 食欲《しょくよく》 / 熟語作り 欲望《よくぼう》
11	翌	ヨク	羽 はね	翌2 翌5 翌8 翌10 翌11	つぎの・あくる	熟語の構成 翌週《よくしゅう》（次の→週）・翌日《よくじつ》（次の→日） / 書き取り 翌日《よくじつ》
7	乱	ラン / みだれる / みだす	し おつ	乱2 乱3 乱4 乱5 乱7	みだれる・さわぎ・むやみに	送りがな 書き取り 乱《みだ》れる / 読み 混乱《こんらん》 / 四字熟語 一心不乱《いっしんふらん》 / 対義語 散乱《さんらん》―整理
7	卵	(ラン) / たまご	卩 わりふ ふしづくり	卵2 卵3 卵4 卵6 卵7	たまご	筆順 卵 / 読み 卵《たまご》 / 音と訓 生卵《なまたまご》（なま＋たまご）
17	覧	ラン	見 みる	覧1 覧5 覧9 覧12 覧17	よく見る・ながめわたす	筆順 覧 / 読み 回覧《かいらん》 / 音と訓 遊覧《ゆうらん》（ユウ＋ラン）

画数	漢字	読み	部首	意味・筆順	用例
13	裏	(リ) うら	衣 ころも	うら・うらがわ・うちがわ / 裏4 裏6 裏7 裏10 裏13	音と訓 裏作《うらさく》(うら＋サク)・裏地《うらじ》(うら＋ジ) 書き取り 裏《うら》 読み 裏庭《うらにわ》
9	律	リツ (リチ)	彳 ぎょうにんべん	きまり・おきて・音楽の調子 / 律3 律4 律6 律8 律9	熟語作り 規律《きりつ》 読み 法律《ほうりつ》
18	臨	リン (のぞむ)	臣 しん	そばにある・その場に居あわせる / 臨1 臨5 臨9 臨14 臨18	対義語 臨時《りんじ》－通常 四字熟語 臨機応変《りんきおうへん》・臨時列車《りんじれっしゃ》・臨時休業《りんじきゅうぎょう》
10	朗	ロウ (ほがらか)	月 つき	明るい・ほがらか・声がすみとおる / 朗2 朗4 朗5 朗8 朗10	類義語 明朗《めいろう》－快活 四字熟語 明朗快活《めいろうかいかつ》 書き取り 朗読《ろうどく》 熟語作り 朗報《ろうほう》
15	論	ロン	言 ごんべん	筋道を立てて述べる・意見・考え / 論8 論11 論12 論13 論15	書き取り 類義語 討論《とうろん》－討議 筆順 論 四字熟語 世論《よろん》《せろん》調査《ちょうさ》

5級　おもな特別な読み、熟字訓・当て字

ア

明日	あす
大人	おとな

カ

母さん	かあさん
河原・川原	かわら
昨日	きのう
今日	きょう
果物	くだもの
今朝	けさ
景色	けしき
今年	ことし

サ

清水	しみず
上手	じょうず

タ

七夕	たなばた
一日	ついたち
手伝う	てつだう
父さん	とうさん
時計	とけい
友達	ともだち

ナ

兄さん	にいさん
姉さん	ねえさん

ハ

博士	はかせ
二十日	はつか
一人	ひとり
二人	ふたり
二日	ふつか
下手	へた
部屋	へや

マ

迷子	まいご
真面目	まじめ
真っ赤	まっか
真っ青	まっさお
眼鏡	めがね

ヤ

八百屋	やおや

6級以下の配当漢字

ア

漢字	部首	読み
愛	心	アイ
悪	心	アク (オ) わるい
圧	土	アツ
安	宀	アン やすい
案	木	アン
暗	日	アン くらい
以	人	イ
衣	衣	イ (ころも)
位	亻	イ くらい
囲	囗	イ かこむ かこう
医	匚	イ
委	女	イ ゆだねる
移	禾	イ うつる うつす
意	心	イ
育	肉	イク そだつ そだてる はぐくむ
一	一	イチ イツ ひと ひとつ
茨	艹	いばら
引	弓	イン ひく ひける
印	卩	イン しるし
因	囗	イン (よる)
員	口	イン
院	阝	イン
飲	飠	イン のむ
右	口	ウ ユウ みぎ
羽	羽	(ウ) は はね
雨	雨	ウ あめ あま
運	辶	ウン はこぶ
雲	雨	ウン くも
永	水	エイ ながい
泳	氵	エイ およぐ
英	艹	エイ
栄	木	エイ さかえる (はえ) (はえる)
営	⺍	エイ いとなむ
衛	行	エイ
易	日	エキ イ やさしい
益	皿	エキ (ヤク)
液	氵	エキ
駅	馬	エキ
円	冂	エン まるい
媛	女	(エン)
園	囗	エン (その)
遠	辶	エン (オン) とおい
塩	土	エン しお
演	氵	エン

王	王	オウ
央	大	オウ
応	心	オウ こたえる
往	彳	オウ
桜	木	(オウ) さくら
横	木	オウ よこ
岡	山	おか
屋	尸	オク や
億	亻	オク
音	音	オン (イン) おと ね
温	氵	オン あたたか あたたかい あたたまる あたためる

カ

下	一	カ ゲ した しも (もと) さげる さがる くだる くだす くださる おろす おりる
化	匕	カ (ケ) ばける ばかす
火	火	カ ひ (ほ)
加	力	カ くわえる くわわる
可	口	カ
仮	亻	カ (ケ) かり
何	亻	(カ) なに なん
花	艹	カ はな
価	亻	カ (あたい)
果	木	カ はたす はてる はて
河	氵	カ かわ
科	禾	カ
夏	夂	カ (ゲ) なつ
家	宀	カ ケ いえ や
荷	艹	(カ) に
貨	貝	カ
過	辶	カ すぎる すごす (あやまつ) (あやまち)
歌	欠	カ うた うたう
課	言	カ
画	田	ガ カク
芽	艹	ガ め
賀	貝	ガ
回	口	カイ (エ) まわる まわす
会	人	カイ (エ) あう
快	忄	カイ こころよい
改	攵	カイ あらためる あらたまる
海	氵	カイ うみ
界	田	カイ
械	木	カイ
絵	糸	カイ エ
開	門	カイ ひらく ひらける あく あける

階	阝	カイ
解	角	カイ (ゲ) とく とかす とける
貝	貝	かい
外	夕	ガイ (ゲ) そと ほか はずす はずれる
害	宀	ガイ
街	行	ガイ (カイ) まち
各	口	カク (おのおの)
角	角	カク かど つの
格	木	カク (コウ)
覚	見	カク おぼえる さます さめる
確	石	カク たしか たしかめる
学	子	ガク まなぶ
楽	木	ガク ラク たのしい たのしむ
額	頁	ガク ひたい
潟	氵	かた
活	氵	カツ
刊	刂	カン
完	宀	カン
官	宀	カン
寒	宀	カン さむい
間	門	カン ケン あいだ ま
幹	干	カン みき
感	心	カン
漢	氵	カン
慣	忄	カン なれる ならす
管	竹	カン くだ
関	門	カン せき かかわる
館	食	カン やかた
観	見	カン
丸	丶	ガン まる まるい まるめる
岸	山	ガン きし
岩	山	ガン いわ
眼	目	ガン (ゲン) (まなこ)
顔	頁	ガン かお
願	頁	ガン ねがう
気	气	キ ケ
岐	山	(キ)
希	巾	キ
汽	氵	キ
季	子	キ
紀	糸	キ
記	言	キ しるす
起	走	キ おきる おこる おこす
帰	巾	キ かえる かえす
基	土	キ (もと) (もとい)
寄	宀	キ よる よせる

規	見	キ
喜	口	キ よろこぶ
期	月	キ (ゴ)
旗	方	キ はた
器	口	キ (うつわ)
機	木	キ (はた)
技	扌	ギ (わざ)
義	羊	ギ
議	言	ギ
客	宀	キャク (カク)
逆	辶	ギャク さか さからう
九	乙	キュウ ク ここの ここのつ
久	ノ	キュウ (ク) ひさしい
弓	弓	(キュウ) ゆみ
旧	日	キュウ
休	亻	キュウ やすむ やすまる やすめる
求	水	キュウ もとめる
究	穴	キュウ (きわめる)
泣	氵	(キュウ) なく
急	心	キュウ いそぐ
級	糸	キュウ
宮	宀	キュウ (グウ) (ク) みや
救	攵	キュウ すくう
球	王	キュウ たま
給	糸	キュウ
牛	牛	ギュウ うし
去	厶	キョ コ さる
居	尸	キョ いる
挙	手	キョ あげる あがる
許	言	キョ ゆるす
魚	魚	ギョ うお さかな
漁	氵	ギョ リョウ
共	八	キョウ とも
京	亠	キョウ (ケイ)
協	十	キョウ
強	弓	キョウ (ゴウ) つよい つよまる つよめる (しいる)
教	攵	キョウ おしえる おそわる
境	土	キョウ (ケイ) さかい
橋	木	キョウ はし
鏡	金	キョウ かがみ
競	立	キョウ ケイ (きそう) (せる)
業	木	ギョウ (ゴウ) (わざ)
曲	曰	キョク まがる まげる
局	尸	キョク
極	木	キョク (ゴク) (きわめる) (きわまる) (きわみ)
玉	玉	ギョク たま
均	土	キン
近	辶	キン ちかい

金	金	キン / コン / かね / かな
禁	示	キン
銀	金	ギン
区	匚	ク
句	口	ク
苦	艹	ク / くるしい / くるしむ / くるしめる / にがい / にがる
具	ハ	グ
空	穴	クウ / そら / あく / あける / から
熊	灬	くま
君	口	クン / きみ
訓	言	クン
軍	車	グン
郡	阝	グン
群	羊	グン / むれる / むれ / むら
兄	儿	(ケイ) / キョウ / あに
形	彡	ケイ / ギョウ / かた / かたち
径	彳	ケイ
係	亻	ケイ / かかる / かかり
型	土	ケイ / かた
計	言	ケイ / はかる / はからう
経	糸	ケイ / (キョウ) / へる
景	日	ケイ
軽	車	ケイ / かるい / (かろやか)
芸	艹	ゲイ
欠	欠	ケツ / かける / かく
血	血	ケツ / ち
決	氵	ケツ / きめる / きまる
結	糸	ケツ / むすぶ / (ゆう) / (ゆわえる)
潔	氵	ケツ / (いさぎよい)
月	月	ゲツ / ガツ / つき
犬	犬	ケン / いぬ
件	亻	ケン
見	見	ケン / みる / みえる / みせる
建	廴	ケン / (コン) / たてる / たつ
研	石	ケン / (とぐ)
県	目	ケン
健	亻	ケン / (すこやか)
険	阝	ケン / けわしい
検	木	ケン
験	馬	ケン / (ゲン)
元	儿	ゲン / ガン / もと
言	言	ゲン / ゴン / いう / こと
限	阝	ゲン / かぎる
原	厂	ゲン / はら

現	王	ゲン　あらわれる　あらわす
減	氵	ゲン　へる　へらす
戸	戸	コ　と
古	口	コ　ふるい　ふるす
固	口	コ　かためる　かたまる　かたい
故	攵	コ　(ゆえ)
個	亻	コ
庫	广	コ　(ク)
湖	氵	コ　みずうみ
五	二	ゴ　いつ　いつつ
午	十	ゴ
後	彳	ゴ　コウ　のち　うしろ　あと　(おくれる)
語	言	ゴ　かたる　かたらう
護	言	ゴ
口	口	コウ　ク　くち
工	工	コウ　ク
公	八	コウ　(おおやけ)
功	力	コウ　(ク)
広	广	コウ　ひろい　ひろまる　ひろめる　ひろがる　ひろげる
交	亠	コウ　まじわる　まじえる　まじる　まざる　まぜる　(かう)　(かわす)
光	儿	コウ　ひかる　ひかり
向	口	コウ　むく　むける　むかう　むこう
好	女	コウ　このむ　すく
考	耂	コウ　かんがえる
行	行	コウ　ギョウ　(アン)　いく　ゆく　おこなう
効	力	コウ　きく
幸	干	コウ　さいわい　(さち)　しあわせ
香	香	(コウ)　(キョウ)　か　かおり　かおる
厚	厂	(コウ)　あつい
候	亻	コウ　(そうろう)
校	木	コウ
耕	耒	コウ　たがやす
航	舟	コウ
高	高	コウ　たかい　たか　たかまる　たかめる
康	广	コウ
黄	黄	(コウ)　オウ　き　(こ)
港	氵	コウ　みなと
鉱	金	コウ
構	木	コウ　かまえる　かまう
興	臼	コウ　キョウ　(おこる)　(おこす)

講 言 コウ
号 口 ゴウ
合 口 ゴウ ガッ カッ あう あわす あわせる
告 口 コク つげる
谷 谷 (コク) たに
国 囗 コク くに
黒 黒 コク くろ くろい
今 人 コン (キン) いま
根 木 コン ね

混 氵 コン まじる まざる まぜる こむ

サ

左 工 サ ひだり
佐 亻 サ
査 木 サ
差 工 サ さす
才 手 サイ
再 冂 サイ サ ふたたび
災 火 サイ (わざわい)
妻 女 サイ つま

採 扌 サイ とる
祭 示 サイ まつる まつり
細 糸 サイ ほそい ほそる こまか こまかい
菜 艹 サイ な
最 日 サイ もっとも
際 阝 サイ (きわ)
埼 土 さい
在 土 ザイ ある
材 木 ザイ
財 貝 ザイ (サイ)

罪 罒 ザイ つみ
崎 山 さき
作 亻 サク サ つくる
昨 日 サク
札 木 サツ ふだ
刷 刂 サツ する
殺 殳 サツ (サイ) (セツ) ころす
察 宀 サツ
雑 隹 ザツ ゾウ
皿 皿 さら

三 一 サン み みつ みっつ
山 山 サン やま
参 ム サン まいる
産 生 サン うむ うまれる (うぶ)
散 攵 サン ちる ちらす ちらかす ちらかる
算 竹 サン
酸 酉 サン (すい)
賛 貝 サン

残	歹	ザン のこる のこす
士	士	シ
子	子	シ ス こ
支	支	シ ささえる
止	止	シ とまる とめる
氏	氏	シ (うじ)
仕	イ	シ (ジ) つかえる
史	口	シ
司	口	シ
四	口	シ よ よっ よっつ よん
市	巾	シ いち
矢	矢	(シ) や
死	歹	シ しぬ
糸	糸	シ いと
志	心	シ こころざす こころざし
使	イ	シ つかう
始	女	シ はじめる はじまる
姉	女	(シ) あね
枝	木	(シ) えだ
思	心	シ おもう
指	扌	シ ゆび さす
師	巾	シ
紙	糸	シ かみ
歯	歯	シ は
試	言	シ こころみる (ためす)
詩	言	シ
資	貝	シ
飼	食	シ かう
示	示	ジ (シ) しめす
字	子	ジ (あざ)
寺	寸	ジ てら
次	欠	ジ (シ) つぐ つぎ
耳	耳	(ジ) みみ
自	自	ジ シ みずから
似	イ	(ジ) にる
児	儿	ジ (ニ)
事	亅	ジ (ズ) こと
治	氵	ジ チ おさめる おさまる なおる なおす
持	扌	ジ もつ
時	日	ジ とき
滋	氵	(ジ)
辞	辛	ジ (やめる)
鹿	鹿	しか か
式	弋	シキ
識	言	シキ
七	一	シチ なな ななつ なの

失	大	シツ うしなう
室	宀	シツ (むろ)
質	貝	シツ (シチ) (チ)
実	宀	ジツ み みのる
写	冖	シャ うつす うつる
社	礻	シャ やしろ
車	車	シャ くるま
舎	舌	シャ
者	耂	シャ もの
謝	言	シャ (あやまる)
借	亻	シャク かりる
弱	弓	ジャク よわい よわる よわまる よわめる
手	手	シュ て (た)
主	丶	シュ (ス) ぬし おも
守	宀	シュ ス まもる (もり)
取	又	シュ とる
首	首	シュ くび
酒	酉	シュ さけ さか
種	禾	シュ たね
受	又	ジュ うける うかる
授	扌	ジュ (さずける) (さずかる)
州	川	シュウ (す)
周	口	シュウ まわり
拾	扌	(シュウ) (ジュウ) ひろう
秋	禾	シュウ あき
修	亻	シュウ (シュ) おさめる おさまる
終	糸	シュウ おわる おえる
習	羽	シュウ ならう
週	辶	シュウ
集	隹	シュウ あつまる あつめる (つどう)
十	十	ジュウ ジッ とお と
住	亻	ジュウ すむ すまう
重	里	ジュウ チョウ え おもい かさねる かさなる
祝	礻	シュク (シュウ) いわう
宿	宀	シュク やど やどる やどす
出	凵	シュツ (スイ) でる だす
述	辶	ジュツ のべる
術	行	ジュツ
春	日	シュン はる
順	頁	ジュン
準	氵	ジュン
初	刀	ショ はじめ はじめて はつ (うい) (そめる)

所 戸 ショ ところ
書 曰 ショ かく
暑 日 ショ あつい
女 女 ジョ (ニョ) (ニョウ) おんな (め)
助 力 ジョ たすける たすかる (すけ)
序 广 ジョ
小 小 ショウ ちいさい こ お
少 小 ショウ すくない すこし

招 扌 ショウ まねく
松 木 ショウ まつ
昭 日 ショウ
消 氵 ショウ きえる けす
笑 竹 (ショウ) わらう (えむ)
唱 口 ショウ となえる
商 口 ショウ (あきなう)
章 立 ショウ
勝 力 ショウ かつ (まさる)
焼 火 (ショウ) やく やける

証 言 ショウ
象 豕 ショウ ゾウ
照 灬 ショウ てる てらす てれる
賞 貝 ショウ
上 一 ジョウ (ショウ) うえ うわ かみ あげる あがる のぼる (のぼせる) (のぼす)
条 木 ジョウ
状 犬 ジョウ

乗 ノ ジョウ のる のせる
城 土 ジョウ しろ
常 巾 ジョウ つね (とこ)
情 忄 ジョウ (セイ) なさけ
場 土 ジョウ ば
縄 糸 (ジョウ) なわ
色 色 ショク シキ いろ
食 食 ショク (ジキ) くう (くらう) たべる

植 木 ショク うえる うわる
織 糸 (ショク) シキ おる
職 耳 ショク
心 心 シン こころ
申 田 (シン) もうす
臣 臣 シン ジン
身 身 シン み
信 亻 シン
神 礻 シン ジン かみ (かん) (こう)

漢字	部首	読み
真	目	シン ま
深	氵	シン ふかい ふかまる ふかめる
進	辶	シン すすむ すすめる
森	木	シン もり
新	斤	シン あたらしい あらた にい
親	見	シン おや したしい したしむ
人	人	ジン ニン ひと
図	口	ズ ト （はかる）
水	水	スイ みず
数	攵	スウ （ス） かず かぞえる
井	二	（セイ） （ショウ） い
世	一	セイ セ よ
正	止	セイ ショウ ただしい ただす まさ
生	生	セイ ショウ いきる いかす いける うまれる うむ （おう） はえる はやす （き） なま
成	戈	セイ （ジョウ） なる なす
西	西	セイ サイ にし
声	士	セイ （ショウ） こえ （こわ）
制	刂	セイ
性	忄	セイ （ショウ）
青	青	セイ （ショウ） あお あおい
政	攵	セイ （ショウ） （まつりごと）
星	日	セイ （ショウ） ほし
省	目	セイ ショウ （かえりみる） はぶく
清	氵	セイ （ショウ） きよい きよまる きよめる
晴	日	セイ はれる はらす
勢	力	セイ いきおい
精	米	セイ （ショウ）
製	衣	セイ
静	青	セイ （ジョウ） しず しずか しずまる しずめる
整	攵	セイ ととのえる ととのう
税	禾	ゼイ
夕	夕	（セキ） ゆう
石	石	セキ シャク （コク） いし
赤	赤	セキ （シャク） あか あかい あからむ あからめる
昔	日	（セキ） （シャク） むかし
席	巾	セキ
責	貝	セキ せめる

漢字	部首	読み
積	禾	セキ　つむ　つもる
績	糸	セキ
切	刀	セツ　(サイ)　きる　きれる
折	扌	セツ　おる　おり　おれる
接	扌	セツ　(つぐ)
設	言	セツ　もうける
雪	雨	セツ　ゆき
節	竹	セツ　(セチ)　ふし
説	言	セツ　(ゼイ)　とく
絶	糸	ゼツ　たえる　たやす　たつ
千	十	セン　ち
川	川	(セン)　かわ
先	儿	セン　さき
浅	氵	(セン)　あさい
船	舟	セン　ふね　ふな
戦	戈	セン　(いくさ)　たたかう
線	糸	セン
選	辶	セン　えらぶ
全	入	ゼン　まったく　すべて
前	刂	ゼン　まえ
然	灬	ゼン　ネン
祖	礻	ソ
素	糸	ソ　(ス)
組	糸	ソ　くむ　くみ
早	日	ソウ　(サッ)　はやい　はやまる　はやめる
争	亅	ソウ　あらそう
走	走	ソウ　はしる
相	目	ソウ　(ショウ)　あい
草	艹	ソウ　くさ
送	辶	ソウ　おくる
倉	人	ソウ　くら
巣	⺍	(ソウ)　す
想	心	ソウ　(ソ)
総	糸	ソウ
造	辶	ゾウ　つくる
像	亻	ゾウ
増	土	ゾウ　ます　ふえる　ふやす
束	木	ソク　たば
足	足	ソク　あし　たりる　たる　たす
則	刂	ソク
息	心	ソク　いき
速	辶	ソク　はやい　はやめる　はやまる　(すみやか)
側	亻	ソク　がわ
測	氵	ソク　はかる
族	方	ゾク
属	尸	ゾク

続	糸	ゾク つづく つづける
卒	十	ソツ
率	玄	(ソツ) リツ ひきいる
村	木	ソン むら
孫	子	ソン まご
損	扌	ソン (そこなう) (そこねる)

タ

他	亻	タ ほか
多	夕	タ おおい
打	扌	ダ うつ
太	大	タイ タ ふとい ふとる
対	寸	タイ (ツイ)
体	亻	タイ (テイ) からだ
待	彳	タイ まつ
帯	巾	タイ おびる おび
貸	貝	(タイ) かす
隊	阝	タイ
態	心	タイ
大	大	ダイ タイ おお おおきい おおいに
代	亻	ダイ タイ かわる かえる よ (しろ)
台	口	ダイ タイ
第	⺮	ダイ
題	頁	ダイ
達	辶	タツ
単	⺍	タン
炭	火	タン すみ
短	矢	タン みじかい
団	口	ダン (トン)
男	田	ダン ナン おとこ
断	斤	ダン (たつ) ことわる
談	言	ダン
地	土	チ ジ
池	氵	チ いけ
知	矢	チ しる
置	罒	チ おく
竹	竹	チク たけ
築	⺮	チク きずく
茶	艹	チャ (サ)
着	羊	チャク (ジャク) きる きせる つく つける
中	丨	チュウ ジュウ なか
仲	亻	(チュウ) なか
虫	虫	チュウ むし
沖	氵	(チュウ) おき
注	氵	チュウ そそぐ
昼	日	チュウ ひる
柱	木	チュウ はしら
貯	貝	チョ

- 丁（一）チョウ　(テイ)
- 兆（儿）チョウ　(きざす)　(きざし)
- 町（田）チョウ　まち
- 長（長）チョウ　ながい
- 帳（巾）チョウ
- 張（弓）チョウ　はる
- 鳥（鳥）チョウ　とり
- 朝（月）チョウ　あさ
- 調（言）チョウ　しらべる　(ととのう)　(ととのえる)

- 直（目）チョク　ジキ　ただちに　なおす　なおる
- 追（辶）ツイ　おう
- 通（辶）ツウ　(ツ)　とおる　とおす　かよう
- 低（亻）テイ　ひくい　ひくめる　ひくまる
- 弟（弓）(テイ)　ダイ　(デ)　おとうと
- 定（宀）テイ　ジョウ　さだめる　さだまる　(さだか)
- 底（广）テイ　そこ

- 庭（广）テイ　にわ
- 停（亻）テイ
- 提（扌）テイ　(さげる)
- 程（禾）テイ　(ほど)
- 的（白）テキ　まと
- 笛（⺮）テキ　ふえ
- 適（辶）テキ
- 鉄（金）テツ
- 天（大）テン　(あめ)　あま
- 典（八）テン
- 店（广）テン　みせ

- 点（灬）テン
- 転（車）テン　ころがる　ころげる　ころがす　ころぶ
- 田（田）デン　た
- 伝（亻）デン　つたわる　つたえる　つたう
- 電（雨）デン
- 徒（彳）ト
- 都（阝）ト　ツ　みやこ
- 土（土）ド　ト　つち
- 努（力）ド　つとめる

- 度（广）ド　(ト)　(タク)　(たび)
- 刀（刀）トウ　かたな
- 冬（冫）トウ　ふゆ
- 灯（火）トウ　(ひ)
- 当（⺌）トウ　あたる　あてる
- 投（扌）トウ　なげる
- 豆（豆）トウ　ズ　まめ
- 東（木）トウ　ひがし
- 島（山）トウ　しま
- 湯（氵）トウ　ゆ

漢字	部首	読み
登	癶	トウ　ト　のぼる
答	⺮	トウ　こたえる　こたえ
等	⺮	トウ　ひとしい
統	糸	トウ　(すべる)
頭	頁	トウ　ズ　(ト)　あたま　(かしら)
同	口	ドウ　おなじ
動	力	ドウ　うごく　うごかす
堂	土	ドウ
童	立	ドウ　(わらべ)
道	辶	ドウ　(トウ)　みち
働	亻	ドウ　はたらく
銅	金	ドウ
導	寸	ドウ　みちびく
特	牛	トク
得	彳	トク　える　(うる)
徳	彳	トク
毒	毋	ドク
独	犭	ドク　ひとり
読	言	ドク　トク　トウ　よむ
栃	木	とち

ナ

漢字	部首	読み
奈	大	ナ
内	入	ナイ　(ダイ)　うち
梨	木	なし
南	十	ナン　(ナ)　みなみ
二	二	ニ　ふた　ふたつ
肉	肉	ニク
日	日	ニチ　ジツ　ひ　か
入	入	ニュウ　いる　いれる　はいる
任	亻	ニン　まかせる　まかす
熱	灬	ネツ　あつい
年	干	ネン　とし
念	心	ネン
燃	火	ネン　もえる　もやす　もす
能	肉	ノウ
農	辰	ノウ

ハ

漢字	部首	読み
波	氵	ハ　なみ
破	石	ハ　やぶる　やぶれる
馬	馬	バ　うま　ま
配	酉	ハイ　くばる
敗	攵	ハイ　やぶれる
売	士	バイ　うる　うれる
倍	亻	バイ
梅	木	バイ　うめ
買	貝	バイ　かう
白	白	ハク　(ビャク)　しろ　しら　しろい

博	十	ハク (バク)
麦	麦	(バク) むぎ
箱	⺮	はこ
畑	田	はた はたけ
八	八	ハチ や やっ やっつ よう
発	癶	ハツ (ホツ)
反	又	ハン (ホン) (タン) そる そらす
半	十	ハン なかば
犯	犭	ハン (おかす)
判	刂	ハン バン
坂	土	(ハン) さか
阪	阝	(ハン)
板	木	ハン バン いた
版	片	ハン
飯	食	ハン めし
番	田	バン
比	比	ヒ くらべる
皮	皮	ヒ かわ
肥	月	ヒ こえる こえ こやす こやし
非	非	ヒ
飛	飛	ヒ とぶ とばす
悲	心	ヒ かなしい かなしむ
費	貝	ヒ (ついやす) (ついえる)
美	羊	ビ うつくしい
備	亻	ビ そなえる そなわる
鼻	鼻	(ビ) はな
必	心	ヒツ かならず
筆	⺮	ヒツ ふで
百	白	ヒャク
氷	水	ヒョウ こおり (ひ)
表	衣	ヒョウ おもて あらわす あらわれる
票	示	ヒョウ
評	言	ヒョウ
標	木	ヒョウ
秒	禾	ビョウ
病	疒	ビョウ (ヘイ) (やむ) やまい
品	口	ヒン しな
貧	貝	ヒン (ビン) まずしい
不	一	フ ブ
夫	大	フ (フウ) おっと
父	父	フ ちち
付	亻	フ つける つく
布	巾	フ ぬの
府	广	フ
阜	阜	フ
負	貝	フ まける まかす おう
婦	女	フ

富	宀	フ (フウ) とむ とみ
武	止	ブ ム
部	阝	ブ
風	風	フウ (フ) かぜ かざ
服	月	フク
副	刂	フク
復	彳	フク
福	ネ	フク
複	ネ	フク
仏	亻	ブツ ほとけ
物	牜	ブツ モツ もの
粉	米	フン こ こな
分	刀	ブン フン ブ わける わかれる わかる わかつ
文	文	ブン モン (ふみ)
聞	耳	ブン (モン) きく きこえる
平	干	ヘイ ビョウ たいら ひら
兵	八	ヘイ ヒョウ
米	米	ベイ マイ こめ
別	刂	ベツ わかれる
辺	辶	ヘン あたり べ
返	辶	ヘン かえす かえる
変	夂	ヘン かわる かえる
編	糸	ヘン あむ
弁	廾	ベン
便	亻	ベン ビン たより
勉	力	ベン
歩	止	ホ (ブ) (フ) あるく あゆむ
保	亻	ホ たもつ
母	母	ボ はは
墓	土	ボ はか
方	方	ホウ かた
包	勹	ホウ つつむ
放	攵	ホウ はなす はなつ はなれる ほうる
法	氵	ホウ (ハッ) (ホッ)
報	土	ホウ (むくいる)
豊	豆	ホウ ゆたか
防	阝	ボウ ふせぐ
望	月	ボウ (モウ) のぞむ
貿	貝	ボウ
暴	日	ボウ (バク) (あばく) あばれる
北	匕	ホク きた
木	木	ボク モク き こ
牧	牜	ボク (まき)
本	木	ホン もと

マ

毎	母	マイ
妹	女	(マイ) いもうと
末	木	マツ (バツ) すえ
万	一	マン (バン)
満	氵	マン みちる みたす
未	木	ミ
味	口	ミ あじ あじわう
脈	月	ミャク
民	氏	ミン (たみ)
務	カ	ム つとめる つとまる
無	灬	ム ブ ない
夢	夕	ム ゆめ
名	口	メイ ミョウ な
命	口	メイ (ミョウ) いのち
明	日	メイ ミョウ あかり あかるい あかるむ あからむ あきらか あける あく あくる あかす
迷	辶	(メイ) まよう
鳴	鳥	メイ なく なる ならす
面	面	メン (おも) (おもて) (つら)
綿	糸	メン わた
毛	毛	モウ け
目	目	モク (ボク) め (ま)
門	門	モン (かど)
問	口	モン とう とい とん

ヤ

夜	夕	ヤ よ よる
野	里	ヤ の
役	彳	ヤク (エキ)
約	糸	ヤク
薬	艹	ヤク くすり
由	田	ユ ユウ (ユイ) (よし)
油	氵	ユ あぶら
輸	車	ユ
友	又	ユウ とも
有	月	ユウ (ウ) ある
勇	カ	ユウ いさむ
遊	辶	ユウ (ユ) あそぶ
予	亅	ヨ
余	人	ヨ あまる あます
用	用	ヨウ もちいる
羊	羊	ヨウ ひつじ
洋	氵	ヨウ
要	覀	ヨウ かなめ (いる)
容	宀	ヨウ
葉	艹	ヨウ は
陽	阝	ヨウ

様	木	ヨウ さま
養	食	ヨウ やしなう
曜	日	ヨウ
浴	氵	ヨク あびる あびせる

ラ

来	木	ライ くる (きたる) (きたす)
落	艹	ラク おちる おとす
利	刂	リ (きく)
里	里	リ さと
理	王	リ
陸	阝	リク
立	立	リツ (リュウ) たつ たてる
略	田	リャク
流	氵	リュウ (ル) ながれる ながす
留	田	リュウ ル とめる とまる
旅	方	リョ たび
両	一	リョウ
良	艮	リョウ よい
料	斗	リョウ
量	里	リョウ はかる
領	頁	リョウ
力	力	リョク リキ ちから
緑	糸	リョク (ロク) みどり
林	木	リン はやし
輪	車	リン わ
類	頁	ルイ たぐい
令	人	レイ
礼	ネ	レイ (ライ)
冷	冫	レイ つめたい ひえる ひや ひやす ひやかす さめる さます
例	亻	レイ たとえる
歴	止	レキ
列	刂	レツ
連	辶	レン つらなる つらねる つれる
練	糸	レン ねる
路	足	ロ じ
老	耂	ロウ おいる (ふける)
労	力	ロウ
六	八	ロク む むっ むっつ むい
録	金	ロク

ワ

和	口	ワ (オ) (やわらぐ) (やわらげる) (なごむ) (なごやか)
話	言	ワ はなす はなし

部首一覧

1画

部首	名前
一	いち
丨	ぼう たてぼう
丶	てん
丿	の はらいぼう
乙	おつ
乚	おつ
亅	はねぼう

2画

部首	名前
二	に
亠	なべぶた けいさんかんむり
人	ひと
亻	にんべん
𠆢	ひとやね
入	いる
儿	ひとあし にんにょう
八	はち
八	は
冂	どうがまえ けいがまえ まきがまえ
冖	わかんむり
冫	にすい
几	つくえ
凵	うけばこ
刀	かたな
刂	りっとう
力	ちから
勹	つつみがまえ
匕	ひ
匚	はこがまえ
匸	かくしがまえ
十	じゅう
卜	と うらない
卩	わりふ ふしづくり
㔾	わりふ ふしづくり
厂	がんだれ
厶	む
又	また

3画

部首	名前
口	くち
口	くちへん
囗	くにがまえ
土	つち
土	つちへん
士	さむらい
夂	すいにょう ふゆがしら
夕	た ゆうべ
大	だい
女	おんな
女	おんなへん
子	こ
子	こへん
宀	うかんむり
寸	すん
小	しょう
⺌	しょう
尢	だいのまげあし
尸	かばね しかばね
屮	てつ
山	やま
山	やまへん
川	かわ
巛	かわ
工	え たくみ
工	たくみへん
己	おのれ
巾	はば
巾	はばへん きんべん
干	かん いちじゅう
幺	よう いとがしら
广	まだれ
廴	えんにょう
廾	こまぬき にじゅうあし
弋	しきがまえ
弓	ゆみ
弓	ゆみへん
彡	さんづくり
彳	ぎょうにんべん
⺍	つかんむり
忄	りっしんべん
扌	てへん
氵	さんずい
犭	けものへん
艹	くさかんむり
辶	しんにょう しんにゅう
阝	おおざと
阝	こざとへん

4画

部首	名前
心	こころ
⺗	したごころ
戈	ほこづくり ほこがまえ

戸	と
戸	とだれ とかんむり
手	て
支	し
攵	のぶん ぼくづくり
文	ぶん
斗	とます
斤	きん
斤	おのづくり
方	ほう
方	ほうへん かたへん
日	ひ
日	ひへん
曰	ひらび いわく
月	つき
月	つきへん
木	き
木	きへん
欠	あくび かける
止	とめる
歹	かばねへん いちたへん がつへん
殳	るまた ほこづくり
毋	なかれ
比	ならびひ くらべる
毛	け
氏	うじ
气	きがまえ
水	みず
火	ひ
火	ひへん
灬	れんが れっか
爫	つめかんむり つめがしら
父	ちち
片	かた
片	かたへん
牛	うし
牛	うしへん
犬	いぬ
王	おう
王	おうへん たまへん
礻	しめすへん
耂	おいかんむり おいがしら
月	にくづき
5画	
玄	げん
玉	たま
瓦	かわら
甘	かん あまい
生	うまれる
用	もちいる
田	た
田	たへん
疋	ひき
𤴔	ひきへん
疒	やまいだれ
癶	はつがしら
白	しろ
皮	けがわ
皿	さら
目	め
目	めへん
矛	ほこ
矢	や
矢	やへん
旡	なし ぶ すでのつくり
石	いし
石	いしへん
示	しめす
禾	のぎ
禾	のぎへん
穴	あな
穴	あなかんむり
立	たつ
立	たつへん
氺	したみず
罒	あみがしら あみめ よこめ
衤	ころもへん
6画	
竹	たけ
⺮	たけかんむり
米	こめ
米	こめへん
糸	いと
糸	いとへん
缶	ほとぎ
羊	ひつじ
羽	はね
而	しかして しこうして
耒	すきへん らいすき
耳	みみ
耳	みみへん
聿	ふでづくり

肉	にく
自	みずから
至	いたる
臼	うす
舌	した
舟	ふね
舟	ふねへん
艮	ねづくり こんづくり
色	いろ
虍	とらがしら とらかんむり
虫	むし
虫	むしへん
血	ち
行	ぎょう
行	ぎょうがまえ ゆきがまえ
衣	ころも
西	にし
覀	おおいかんむり
7画	
見	みる
臣	しん
角	かく つの
角	つのへん
言	げん
言	ごんべん
谷	たに
豆	まめ
豕	ぶた いのこ
貝	かい こがい
貝	かいへん
赤	あか
走	はしる
走	そうにょう
足	あし
足	あしへん
身	み
車	くるま
車	くるまへん
辛	からい
辰	しんのたつ
酉	ひよみのとり
酉	とりへん
釆	のごめへん
里	さと
里	さとへん
舛	まいあし
麦	むぎ
8画	
金	かね
金	かねへん
長	ながい
門	もん
門	もんがまえ
阜	おか
隶	れいづくり
隹	ふるとり
雨	あめ
雨	あめかんむり
青	あお
非	あらず ひ
斉	せい
食	しょくへん
9画	
面	めん
革	かくのかわ つくりがわ
革	かわへん
音	おと
頁	おおがい
風	かぜ
飛	とぶ
食	しょく
首	くび
香	か かおり
10画	
馬	うま
馬	うまへん
骨	ほね
骨	ほねへん
高	たかい
髟	かみがしら
鬼	おに
鬼	きにょう
竜	りゅう
11画	
魚	うお
魚	うおへん
鳥	とり
鹿	しか
麻	あさ
黄	き
黒	くろ
12画	
歯	は
歯	はへん
13画	
鼓	つづみ
14画	
鼻	はな